Let'sみやぎ 2022-2023

目次

心をつなぐ 四季の祭り

心に刻む 郷土の輝き

新型コロナウイルス感染症対策により、祭り・イベントの内容・日程が変更になる場合があります

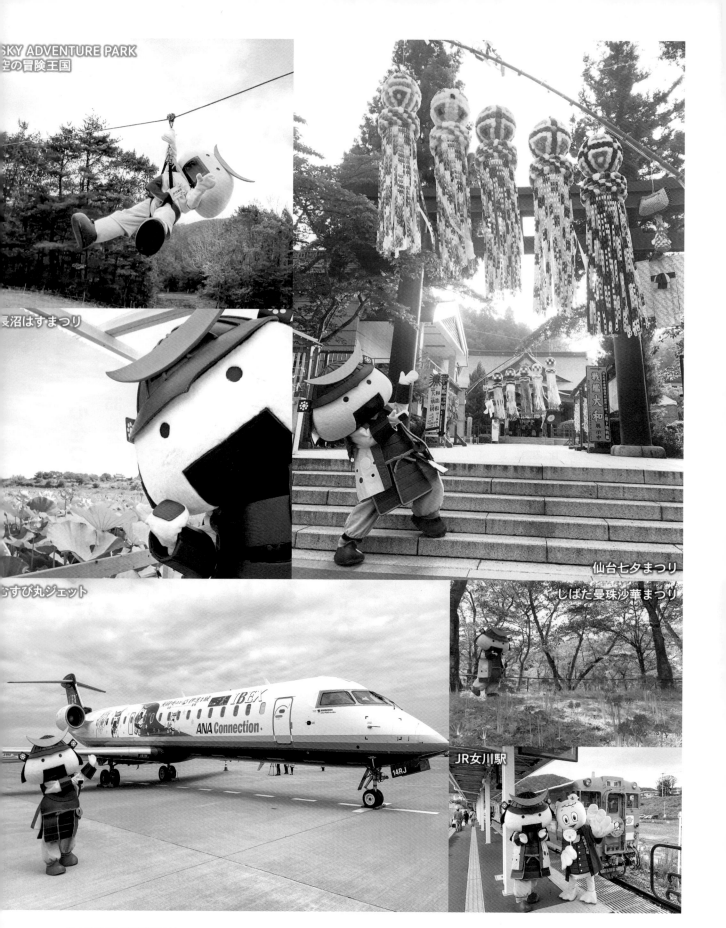

SKY ADVENTURE PARK
空の冒険王国

長沼はすまつり

仙台七夕まつり

むすび丸ジェット

しばた曼珠沙華まつり

JR女川駅

宮城県知事　村井 嘉浩

四季折々の魅力あふれる
宮城でお待ちしています!

仙台・宮城
観光PRキャラクター
むすび丸

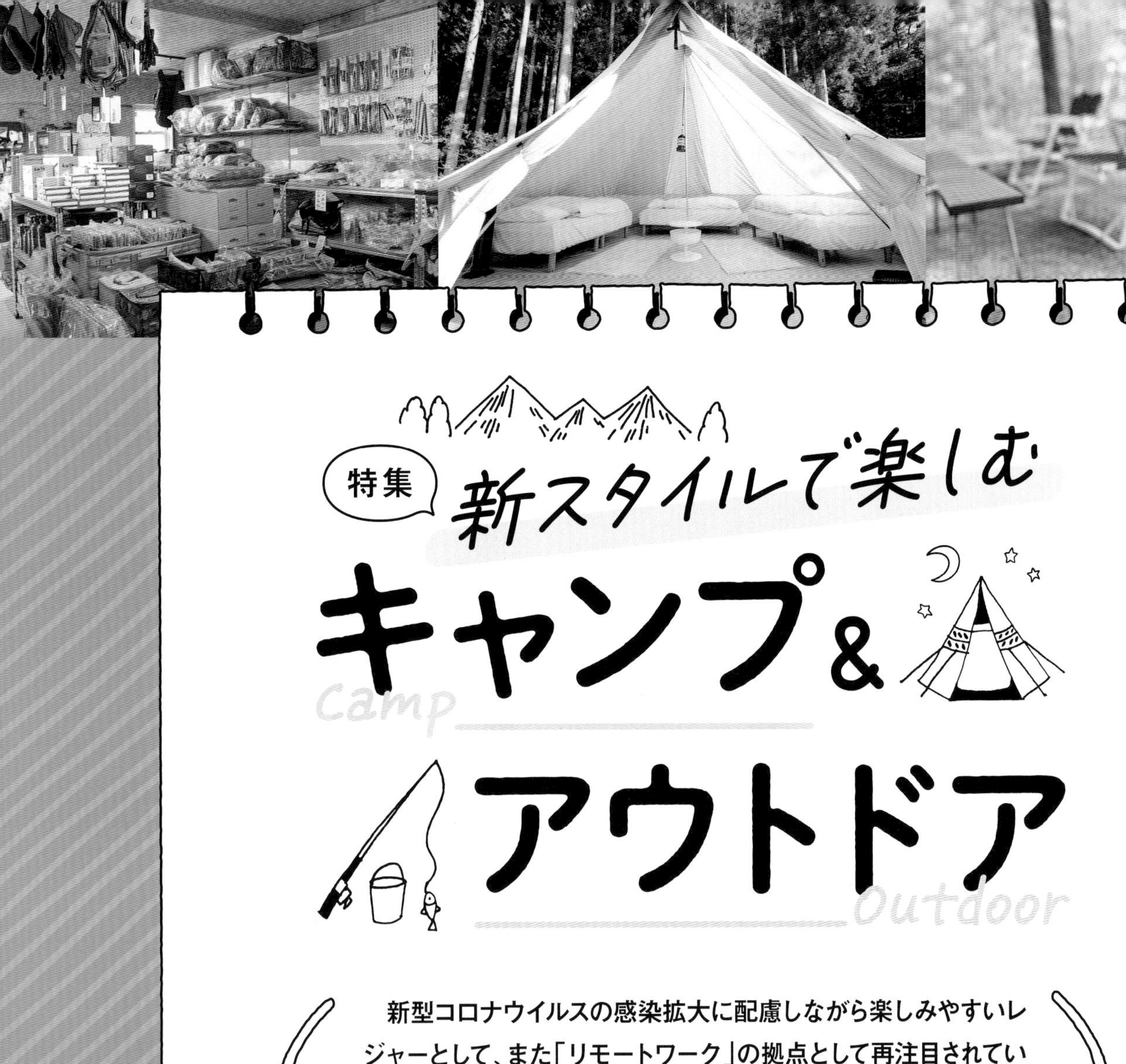

特集 新スタイルで楽しむ

キャンプ&アウトドア

Camp Outdoor

新型コロナウイルスの感染拡大に配慮しながら楽しみやすいレジャーとして、また「リモートワーク」の拠点として再注目されているのがキャンプをはじめとするアウトドアレジャー。近年は女性ファンも拡大し、一人で出掛ける「ソロキャンプ」やオフシーズンの「冬キャンプ」、気軽な日帰りの「デイキャンプ」など楽しみ方も多様化している。感染対策をしながら、宮城の自然に触れてみよう。

CONTENTS

注 意

●周囲の利用客に迷惑をかけないこと、共有スペースはきれいに使い、利用前と同じ状態にして帰ることが、基本のマナー。ゴミ捨て場のある施設であっても分別方法がそれぞれ異なり、施設によって「持ち帰り」を原則にしているところもある。その他、音響機器や発電機の使用の可否、静粛時間など利用のルール、禁止事項は各施設で異なるため、事前に確認を。

●キャンプ場では運営者の指示に従い、感染防止に積極的に協力を。屋外であっても密集を避け、咳エチケットやマスク着用、こまめな消毒、手洗い、うがいを徹底する。

初心者のための基礎知識

区画サイトとフリーサイトの違いは何？「デュオキャンプ」「ファミキャンプ」ってどういう意味？宿泊場所はテント以外もＯＫ？キャンプやアウトドア初心者のために、基本的なキャンプ用語を簡単にご紹介。

山も海もある宮城県は森林、高原、湖畔、海・川沿いなど、さまざまなシチュエーションでキャンプやアウトドアを満喫できる。春は新緑、夏は深い緑、秋は紅葉、冬は白銀の世界と季節で変わる自然景観も魅力。キャンプは日帰りでバーベキュー（ＢＢＱ）や芋煮をしたり、宿泊をしたりするのはもちろん、ハイキングや登山、海水浴、釣り、カヌーなどのアクティビティと組み合わせると楽しみは一層広がる。

遊びの計画を立てる前に、まずは最低限抑えておきたいキャンプの専門用語など基本情報を予習しよう。「キャンプやアウトドアに挑戦したい！」と思っていてもなかなか踏み出せない人のために、６・７ページでは県内のキャンプ＆アウトドア好きの皆さんにその魅力を教えてもらい、アドバイスもいただいた。

Q 主なキャンプの種類は?

デイキャンプ

宿泊せずに日帰りで行う。BBQなど気軽にできる。

ソロキャンプ

一人で自由に楽しむ。最近はソロキャンパーがキャンプ場で「たき火だけ一緒に」など一時的に集まる「ソログルキャン」も行われている。

デュオキャンプ

夫婦、カップル、友だちなど気の合う二人や、二人以上で集まって行うキャンプ。「デュオキャン」の略語でも呼ばれている。

ファミリーキャンプ

家族で行うキャンプ。「ファミキャン」の略語でも知られる。

ツーリングキャンプ

バイクで行くキャンプ。キャンプ場までのツーリングも楽しみの一つ。

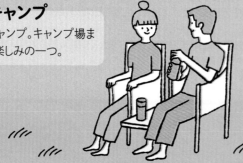

Q サイトはどんな種類があるの?

区画サイト
ロープや杭などで仕切られた区画で構成。駐車スペースを併設したオートサイトの場合もある。

フリーサイト
テントやタープなどを自由に設営できる。現地での先着順が多い。

AC電源付きサイト
サイトごとにコンセントが備わっている。家庭用の電化製品が使える。

キャンピングカー・オートサイト
車を横付けでき、荷物運びが負担なくできる。ファミリーの他、車とタープを合わせて住空間を整えたいキャンパーに人気。

Q 主なキャンプのスタイルは?

オートキャンプ
車もキャンプ道具の一つとして、テントやタープと組み合わせて宿泊場所を作る。

フリーキャンプ
オートキャンプに対して、車は横付けせずにキャンプ道具だけ広げて自由に宿泊場所を作る。

グランピング
「グラマラス」と「キャンピング」を組み合わせた造語。施設が整い、優雅にキャンプができる。

古民(コミン)ピング
「古民家」と「キャンピング」を組み合わせた造語。古民家の暮らしとキャンプならではの野外生活の両方を体験できる。

ベランピング
「ベランダ」と「グランピング」を合わせた造語。家のベランダでBBQをするなど外出せずにキャンプ気分を満喫する。庭キャンプ、部屋キャンプもある。

Q 宿泊スタイルは?

野宿
テントを張らずに、野外で寝袋やハンモックで寝泊まりする。

テント
ワンルームタイプのドームテント、寝室とリビングを備えたツールームテント、設営が簡単な円すい形のワンポール(モノポール)の3種に大別できる。

コテージ
小屋のような宿泊施設。キャンプ場によって「キャビン」「バンガロー」「ロッジ」と呼ぶこともある。設備やサービスのグレードの違いでも使い分けしているが定義はあいまい。

地元キャンパーが語る醍醐味

キャンプやアウトドア商品を扱うショップを運営し、仕事でもプライベートでも知識豊富な4人に、その魅力や初心者が快適に楽しむ方法など教えてもらった。

RIVER MOUNTAIN（リバーマウンテン）

代表　三浦 公さん

ゆっくりゆったり自然に囲まれながら過ごせるのがいいです。カヌーや釣り、サイクリングなど外遊びを楽しみ、夜はたき火でゆっくり過ごしています。

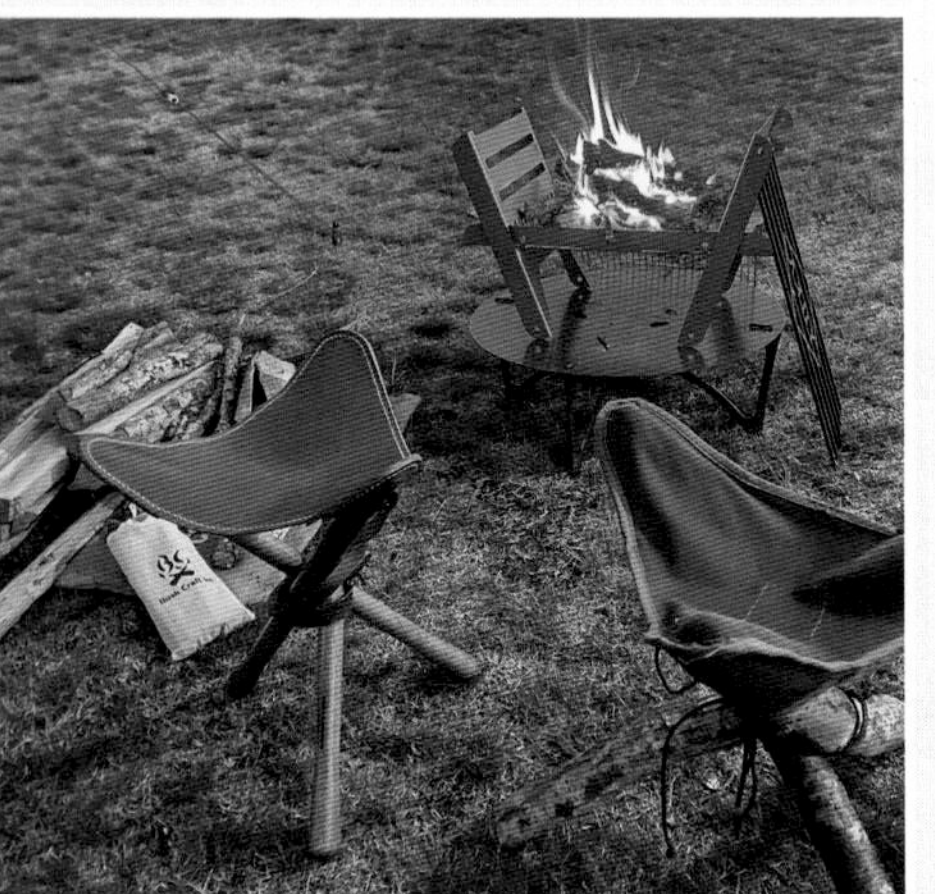

「座り心地のいい椅子も必須」と三浦さん

ourthing（アワーシング）

代表　蘇武 和祥さん

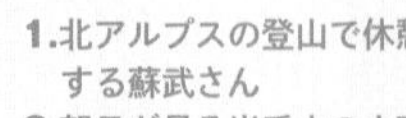

キャンプやアウトドアの魅力は、日常では味わうことのできない景色を体感、共有できるところです。

1.北アルプスの登山で休憩する蘇武さん
2.朝日が昇る岩手山の山頂は幻想的。登山仲間との思い出の写真

SENDAI SUBURB SHOP（せんだいサバーブショップ）

代表　阿部 廉さん

スイッチオフできる非日常の時間。一人、家族、仲間とその都度人数は異なりますが、時間を見つけてキャンプをしています。ビンテージのランタンの明かりに癒やされます。既存のギアを持ち込んで、使いやすいようにアレンジするのも楽しいです。

1.阿部さんがオーバーホールしたビンテージのランタン
2.防寒対策のアイテムや一酸化炭素チェッカーを準備して冬キャンプ

ENstyle（エンスタイル）

代表　川村 峻介さん

アウトドアは生きていく上で本当に必要なものを手軽に再確認でき、試行錯誤する楽しみがあります。気構えず、近所の河川敷で川を眺めながらコーヒーを入れ、パンをトーストするだけでも自然との距離の近さを感じることができます。

雪の中、熱々の鍋料理を味わい至福の時間

初心者のために教えてもらいました

4人のキャンパーがお答えします

SENDAI SUBURB SHOP 阿部 廉さん	ENstyle 川村 峻介さん	RIVER MOUNTAIN 三浦 公さん	ourthing 蘇武 和祥さん	
きれいなトイレがあるなど、設備ができる限り清潔なキャンプ場を選ぶと抵抗なく楽しめます。子どもと一緒の方にはエコキャンプみちのく(川崎町※P26に関連記事)がお薦めです。	キャンプ場であればキャンプサイトが区切られているとテントを設営しやすいと思います。現地でまきを購入できる所も便利。キャンプ場以外では河川敷もお薦めです。	まずは近場で良いので泊まってみること。そうすることでより楽しむために必要なものが分かります。	急な天候の変化(雨風雷など)や予期せぬ事態にも対応できるように、車を乗り入れできる所や24時間入れる管理棟などがあるキャンプ場を選ぶといざという時に安心です。	**Q1** キャンプ場(アウトドアスポット)選びのアドバイスをお願いします。
神割崎キャンプ場(南三陸町※P.20に関連記事)。設備が整い、自然景観も最高。天気のいい夜は月明かりが海面に映り込み、カメラで撮影したくなる美しさです。	水の森公園キャンプ場(青葉区)。仙台の市街地から行きやすく、手軽にキャンプを楽しむことができます。	吹上高原キャンプ場(大崎市)。とにかく広い!! 景観も良くゆったり過ごせます。	金田森公園キャンプ場(栗原市)です。街灯がないので星空がきれいです。数年前は穴場でしたが、最近はすごい人気です。	**Q2** 宮城県内で気に入っているキャンプ場(アウトドアスポット)は?
スモーク料理作り、たき火など室内だとちょっとハードルが高いことに挑戦すると、アウトドアの楽しさを体感できると思います。	雨が降ったり風が吹いたり、そういった自然の影響を受け入れられると楽しいです。	自分のペースでできるときにするといいです。キャンプ+αの遊びがあるとより楽しめます。	テント撤収やたき火の後始末など片付けはきれいに! そうすると次のキャンプも気持ちよくできます。	**Q3** キャンプ(アウトドア)をより楽しむための心構えは?
スペックや機能をしっかり把握して選ぶ。例えば、テントとまきストーブを買ったから冬キャンプをしようと安易に考えると、防寒や換気対策が甘く危険を伴うことがあるので注意です。	テント、タープなどであればサイズ感が重要。使用目安人数で選ぶと、意外と小さいと感じることがあります。	あまり金額にとらわれず、気に入ったものを購入する方がいいです。気に入ったものは大事に使いたくなります。	流行に流されず、まずは定番を選ぶこと。値段が安いからという理由では買わない方が長く使えることが多いです。	**Q4** キャンプ用品(アウトドア道具)を買う時に気を付けることは?
ビンテージのランタン。今は手軽なLEDランプも豊富にありますが、1930～50年代のビンテージものの明かりにロマンを感じます。	タープ。急な雨でも体を濡らさず過ごすことができて、一つ持っていると心強いです。	ビンテージのランタン。今現在のものにはない造形美、製造から数十年経っていても使用できる丈夫さが魅力です。何より柔らかい明かりに癒やされます。	一眼レフなどのカメラ。スマートフォンのカメラ機能より深みのある写真が撮れるので思い出になります。	**Q5** キャンプ(アウトドア)をより楽しむためにお薦めしたい道具やグッズは?
層が広がったのでは? キャンプ場では20代女性や小さな子ども連れ、シニアなどさまざまな世代を見掛けます。充実の装備品で理想の空間を整えている人が増えています。	グループキャンプが増えているようです。大きなテントでみんなで寝るというより、ソロスタイルのキャンパーが集まって、食事やたき火は一緒にするけれど寝るのは別々というスタイルで。	コロナ禍をきっかけにキャンプを始めた方は多いと感じています。家族、ソロはもちろんですが、特に女性が増えたと思います。	キャンプ人口が増えたことでキャンプ場が混み合うようになった印象です。混雑を避けて登山や自転車、渓流釣りなど他のアウトドアアクティビティに移行する人もいるようです。	**Q6** コロナ禍以降、宮城県内のキャンプ(アウトドア)事情に変化を感じていますか?

ットドア専門店4選

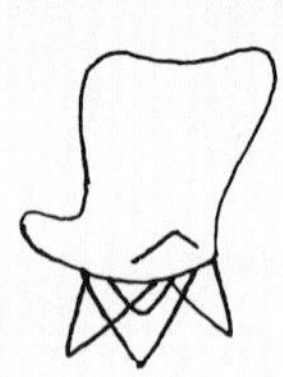

運営する4軒のショップはいずれも個性豊か。
るもお勧め。

青葉区

リバーマウンテン
RIVER MOUNTAIN

機能性が高い 格好いいアイテム厳選

アパレル会社に勤務経験のある店主が「格好いい」と思った、デザイン性が高く機能的なキャンプ用品をセレクトしている。取り扱いブランドは国内外幅広く、宮城では入手しにくいものも多数ある。テントやたき火用品、ランタン、テーブル、チェア、調理器具、キャンプメシ、釣り用品、衣類、バッグなど充実の品ぞろえ。インテリア小物もある。店主が野外でコーヒーを飲むのが好きなことから携帯性に優れたコーヒー

DATA
青葉区大町1-3-25　大町シティビル3階
営／11:00～18:00（日曜、祝日は17:00まで）
休／水・土曜
tel.022-395-9364
https://rivermountain.stores.jp
主な取り扱いブランド／OLD MOUNTAIN、SomAbito、NORAs、NATAL DESIGN、Kermit Chair 他

栗原市

アワーシング
ourthing

山好き夫婦が運営 山と暮らしの道具店

登山やキャンプが好きな夫婦が夫の古里にUターンし、近年個性的な店が増えている六日町商店街に「山と暮らしの道具店」を開業。身軽に登山やキャンプが楽しめる、軽量化されたウルトラライトギアの品ぞろえに力を入れている。オリジナル商品も多彩で、「KURIHARA CITY」「Mt・Kurikoma」のロゴを入れた地元愛あふれるTシャツが特に人気だ。かごやほうき、手拭い、タオルといった生活雑貨、食品も充実している。

DATA
栗原市栗駒岩ケ崎六日町95-2
営／11:00～18:00
休／水曜、第2・4木曜、臨時休あり
tel.0228-24-8305
https://yamatokurashi.com
主な取り扱いブランド／Trail Bum、EVERNEW、MSR、ZIMMER BUILT、一二の用品店、松野屋、FLW 他

宮城のキャンプ&ア

キャンプやアウトドアのアドバイスをくれた店
商品のラインアップや強みは異なるので、ショ

富谷市

せんだい サバーブ ショップ
SENDAI SUBURB SHOP

50の国内外ブランドに オリジナル商品も

ガレージブランドによる少量生産のアイテムをはじめ、約50の国内外のアウトドアブランドを扱っている。テントや寝袋、ランタン、調理器具、食品、調味料など幅広いラインアップ。コールマンのビンテージランタンも扱う。キャンプ好きの店主との会話を楽しみに訪れる常連客も少なくない。在仙デザイナーが手掛けたキャラクター「アウトドアモンスター」とコラボレーションした、店オリジナルのフィギュアやフリーボードも人気。

DATA
富谷市富ケ丘1-3-712
営/12:00〜17:00
休/木曜、臨時休あり
tel.090-2842-3802
https://www.instagram.com/sendai_suburb_shop/
主な取り扱いブランド/Asimocrafts、BALLSTICS、NANGA、BONFIRE GO OUTSIDE 他

青葉区

エンスタイル
ENstyle

大震災の経験から アウトドアの重要性伝える

フラインが途絶えた際、当時暮らしていたマンションの住人と共同生活を送っていたその経験から、アウトドアの道具や知識がいかに役立つものか痛感。より多くの人にアウトドアに興味を持ってもらい防災につなげようというコンセプトで、日常でもアウトドアシーンでも使える商品をセレクトしている。調理器具や食料品、小物、衣類、バッグなど多彩なラインアップ。アウトドアの書籍も扱っている。

DATA
青葉区本町2-16-15 中村ビル2階
営/11:00〜19:00
休/火・水曜、臨時休あり
tel.022-281-9237
https://enstyle.net
主な取り扱いブランド/atelierBluebottle、Nruc、燻製屋燻々、GLOCAL STANDARD PRODUCTS 他

キャンプ&アウトドア 宮城の新スタイル

コロナ禍にあって、屋外で密を避けながら開放的な気分が満喫できるアウトドアレジャーやキャンプ。近年は道具を持っていなくても気軽に楽しめるようにレンタル品を充実させたり、清潔なトイレやシャワールームを整備したりと、独自の工夫を凝らすキャンプ場が増えている。宮城県内のユニークな施設や話題のスポット、隠れた穴場を探ってみた。

ヒマラヤスギの巨木と広葉樹に囲まれ、夏はクワガタやカブトムシが生息、秋は紅葉が美しい自然豊かな大崎市の山中。JR駅からも高速道路ICからもほど近いこの環境にひかれ、キャンプインストラクターの資格を持つ遊佐健治さん、恵さん夫妻が2020年夏に開設したのが「HOSOMINE BASE」だ。

「自然の中で過ごす時間を手軽に提供し、初心者の方がアウトドアに親しむための入り口になりたい」と、キャンプに慣れていなかったり用具を持っていなかったりしても気軽に楽しめる工夫を1983.47平方㍍（約600坪）の敷地の随所に凝らす。

例えば、全7区画のサイトにはテントが汚れにくい人工芝を整備し、3区画には4月末から11月中旬までグランピング用のテントを常設。車椅子でも使えるウォッシュレットトイレには、おむつ替えシートやパウダースペースを併設した。シャワールームや温水が出る炊事スペースを設け、レンタル用品・用具を充実させるなど誰でも気軽にキャンプが楽しめる環境を整えている。無料の電源とWi-Fiを完備し、ワーケー

01 HOSOMINE BASE（ホソミネベース）

DATA

大崎市岩出山細峯50-127
tel.090-8305-8615
https://hosominebase.com/

営／チェックイン14:00から（12:00からのアーリーチェクインは1時間につき1100円）、チェックアウト11:00まで　休／水・木曜　サイトの種類・料金／区画サイト大人1人4400円から（6歳以下無料）、ファミリー割引（小学生以下連れ）あり　主な施設・設備／AC電源100V、管理棟、炊事棟、トイレ、シャワー、ゴミ捨て場、フリーWi-Fi　レンタル用品／「レンタルギアセット」「レンタルテントセット」等。手ぶらでOK

サイトの状況：人工芝

宿泊可（通年）

日帰り可（冬季限定）

ペット可　※テント持参の場合に限る。リードの接続必須。1匹当たり1100円、大型犬1匹まで。中型犬以下最大2匹まで

直火不可　花火可　車の乗り入れ不可

※駐車場あり。バイクはエンジンオフで乗り入れ可

初心者も手ぶらで楽しめる工夫が随所に

ション利用も可能だ。

冬季のみ日帰りでも利用でき、まきストーブ付きのガゼボ内でピラフやホットサンドなど「キャンプ飯ランチ」を調理して楽しめるデイキャンププランを提供する。週末を中心に、2022年1月だけで20組の利用があったという。

小規模施設ならではのきめ細かなサービスも魅力の一つ。キャンプの宿泊客に大崎市産ひとめぼれ炊飯を無料サービスする他、予約時に申し出れば近くにあるイワナの養殖場での「釣り体験」などをプランに組み込んでもらうことも可能だ。利用はオンライン予約のみ対応。

Glamping

設営の手間がない常設の「グランピング」用テント。必要な用具を全てレンタルでき、飲食物と洗面用具だけ持参すれば、備え付けのベッドやソファでゆったり快適なテント泊が楽しめる

Fishing

予約時に申し出れば、地元の養殖施設が運営する「ファミリーつりぼり 加美トラポン」で釣りをしたり、釣った魚を炭火で焼いて食べることも可能

冬季のランチ付き「ウインターデイキャンプ」も好評。食材のセットが付き、4時間の滞在時間中に利用客が自分たちでまきストーブで調理して「キャンプ飯」が味わえる

Winter

「冬キャンプ」利用者には電気毛布の無料レンタルサービスも実施

Owner

「当初はソロキャンプの需要を見込んでいましたが、週末を中心にカップルや親子連れの利用も多く、特に夏はファミリーキャンプが人気です。最近は女性客のリピーターも増えています」と遊佐さん夫妻

イチゴハウス跡地を整備して パン店併設の癒やしの場

イチゴハウスがあった場所をキャンプ場にした

夜はキャンプサイトの明かりが雰囲気たっぷり

東日本大震災前はイチゴを生産していた齋藤順子さんが「癒やしの場、充電できる場を作りたい」と、津波でイチゴハウス9棟が流失した土地を整備してキャンプ場を開いた。車を横付けし、テント20張り程度を設営できる広さだ。

初めて客が訪れたのは2020年8月。齋藤さんは「最初はテントを自由に張ってもらえるように土地をならしたぐらい。雑草が生えているところもありますし。何もないですが、静かに過ごせて、天気がいい夜は星空がきれいなんですよ」と笑顔を見せる。

21年5月にバリアフリー対応のトイレを設置し、同年8月に店舗用に改装したトレーラーで齋藤さん手作りのパンの販売を始めた。パン店を併設していることで、客層は徐々に広がっている。パンを目当てに訪れた客が、キャンパーの姿を見てキャンプに興味を持ってくれることがある。

「他のキャンプ場に比べれば、設備はまだまだ必要最低限」と齋藤さん。そのため宿泊の利用は、「何もないぜいたくを満喫したい」「自由に過ごしたい」という玄人キャンパーが目立つという。バーベキュー(BBQ)

02 casano-va 笠の場(カサノバ)

DATA

山元町高瀬字西北谷地134-1
tel.090-9743-8616
https://www.instagram.com/casano.va59

営／いつでもOK(パン販売は11:00～なくなり次第終了) 休／無休(パン販売は臨時休あり) 入場料／中学生以上1000円、小学生500円 サイトの種類・料金／フリーサイト無料 主な施設・設備／炊事場、トイレ、ゴミ捨て場(袋1枚50円) レンタル用品／テント、たき火台、ダッチオーブン

サイトの状況 土

宿泊可(通年) 日帰り可(通年)

ペット可

直火不可 ※たき火シートを引けば可

花火可

車・バイクの乗り入れ可

テーブルや椅子がある「ぺぺ茶はうす」で食事をしてもOK

たき火用のまきを販売している

カラフルに塗装したトイレ

「一晩ゆっくりしたい」というソロキャンパーがテントやタープを設営

Bakery

トレーラーを改装したパン店の前で出迎えてくれる齋藤順子さん

焼きたての多彩なパンはもっちりしている

Cooking

貸し出しもしているダッチオーブンで作った肉や野菜料理

や芋煮会などを目的にした日帰りの利用は初心者も多い。

海までは1・5㌔ほどの場所にあり、釣りの客の利用もある。齋藤さんはパン店の一角で、得意のハンドケアやフットケア（30分2000円）でも疲れを癒やしてくれる。「フリーマーケットやダッチオーブンで料理をする会など、イベント会場にもできれば」と幅広い活用を考えている。

元小学校を活用した プライベート空間

校庭だった土地を芝生にした。キャンプと組み合わせた、幼稚園や保育園向けの「園外保育プラン」もある

開放的な炊事場はグループで使いやすい

テーブルや椅子を備え、スポーツ少年団や子ども会のBBQ・芋煮会合宿に対応

宮城県や福島県で子どもたちの自然体験活動を行っている「自然学校キッツ森のようちえん」が運営する団体客向けの貸し切り型キャンプ場。閉校した旧前川小学校青根分校を再活用し、2017年にオープンした。

「MATKA」はフィンランド語で「旅」、「A-ONE」は英語で「最上級」を意味する。広い校庭は芝生のフリーサイトで、炊事場やかまどを完備し、キャンプファイヤーも楽しめる。校舎をリノベーションした「MATKAベース」には、学校や企業の研修などに使える多目的ホール、調理ができるカフェコーナー、プレイルーム、体育館がある。

周辺の大自然を生かした自然体験と、貸し切りキャンプを組み合わせるプランも用意。スポーツ少年団や子ども会などで貸し切って、プライベート感たっぷりの時間を過ごせる。

調理設備があるカフェコーナー

03

private camp base AONE×MATKA（アオネ×マトカ）

DATA

川崎町前川字名号下山3-7
tel.0224-86-5331(9:00～18:00)
http://aone-no-matka.kits-no-mori.com

営／宿泊15:00～翌10:00、日帰り10:00～15:00 休／無休 貸し切り料金／1泊(30人まで)10万円、日帰り(30人まで)4万円、以降1人につき2000円追加※人数や利用方法などによって料金の相談可 主な施設・設備／AC電源、管理棟、炊事棟、トイレ、ゴミ捨て場、フリーWi-Fi レンタル用品／テント一式、寝袋、電気ランタン等。手ぶらでOK

サイトの状況 芝

宿泊可（通年）

日帰り可（通年）

ペット不可

直火不可 ※場合によっては可

花火可

車・バイクの乗り入れ不可 ※駐車場あり

04 KIBOTCHA（キボッチャ）

DATA

東松島市野蒜字亀岡80
tel.0225-25-7319
https://kibotcha.com

営／宿泊チェックイン15:00、チェックアウト10:00、日帰り10:00〜17:00　休／火曜　サイトの種類・料金／グランピング（宿泊のみ）1区画2人1万5400円、3人1万4300円、4・5人1万3200円　主な施設・設備／AC電源、管理棟、トイレ、シャワー、風呂、ゴミ捨て場　レンタル用品／寝具等。手ぶらでOK

サイトの状況　砂浜

宿泊可（通年）　日帰り可（通年）

ペット可　※テント内で一緒に就寝

直火不可　花火可　車・バイクの乗り入れ不可

※駐車場あり

海水浴場にいる気分で快適グランピング

東日本大震災の津波被害で廃校になった旧野蒜小学校を活用した防災体験学習施設。校庭だった場所に竹林と砂浜を整備し「Rise Beach（ライズビーチ）」と命名。宿泊と日帰りでバーベキュー（BBQ）、宿泊のみでグランピングとキャンプが楽しめる。海岸から運んだ砂を使っているため、実際の海水浴場のような雰囲気を満喫できる。

グランピングエリアにはベッドや椅子、テーブルなどの家具がそろい、夏は冷風機も配置。隣り合う区画との距離が十分に保たれ、プライベート感を重視したい人にも好評だ。

震災の語り部、危機管理を学ぶ「危機管理レジリエンス」、元自衛隊員が身を守る方法をレクチャーする「防災教育」などを実施。防災意識を高めながらアウトドアにトライしよう。

2021年の夏から冬まで開催した「竹あかりイルミネーション」

4区画で構成するグランピングエリア

思わずカメラを向けたくなるかわいらしさ

プランによってはBBQの食材も用意してくれる

天気がいい日は海と空の美しさが際立つ

海がきれいな島で 猫と猫形ロッジがお出迎え

ちばてつやさんがデザインした「しろロッジ」

しろロッジのリビングにはちばさんのイラストも

石巻市内の「中央」または「門脇」の船着き場から船で45分程度、コバルトブルーの海に囲まれた周囲11・5キロの小さな島・田代島にある。

石巻市は「萬画の国」をテーマに街づくりを推進し、マンガアイランドはマンガ家のちばてつやさんや里中満智子さんらがデザインを手掛けた大小の猫形ロッジ5棟がシンボル。8区画のテントサイトもある。

田代島は「猫の島」としても知られ、マンガ好きに加え猫好きの聖地にもなっている。島内は「みちのく潮風トレイル」のコースになっている他、マウンテンバイクや電動自転車のレンタサイクルも行っているので、歩きでも自転車でも島巡りを楽しめる。予約はサイト「海街縁泊」(https://www.umimachi-enpaku.com)から。

人懐っこい猫が散策している

05

マンガアイランド

DATA

石巻市田代浜字敷島24
問/石巻圏観光推進機構 tel.0225-98-8285
石巻市観光課 tel.0225-95-1111(内線3534)
https://www.city.ishinomaki.lg.jp/cont/10452000b/-kanko/-kankomap/d0040/20130224150619.html

営/4〜10月末(宿泊は水〜日曜)、宿泊チェックイン14:00、チェックアウト11:00 休/火曜(GW、夏休み、シルバーウイークは営業) サイトの種類・料金/1区画1520円 主な施設・設備/AC電源(ロッジのみ)、管理棟、炊事棟、トイレ、風呂、シャワー、BBQ用ツーバーナーコンロ向けガス缶販売 レンタル用品/キャンプ用品一式、自転車、天体望遠鏡等

サイトの状況 芝

宿泊可(4〜10月末)

日帰り不可

ペット不可

直火不可

花火不可

車・バイクの乗り入れ不可

コインパーキングで キャンプ&車中泊

旅の拠点として愛されている

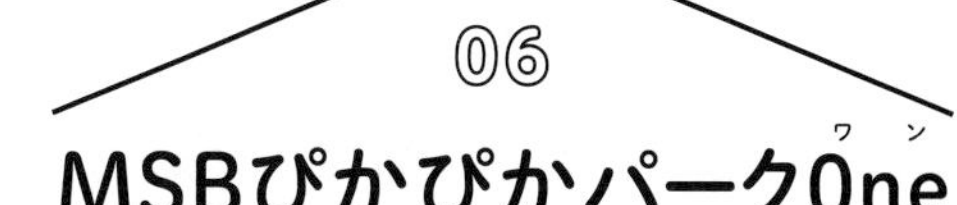

06 MSBぴかぴかパークOne（ワン）

DATA
蔵王町遠刈田温泉仲町7
tel.080-6576-4080
https://tol-app.jp/s/pwuszctudrko0hvdlgbn

営／11:00～翌11:00（24時間） サイトの種類・料金／区画サイト1人900円から（電源使用の場合＋900円）、車中泊は20時間利用 900円（電源使用の場合＋900円） 主な施設／AC電源100V、炊事棟、トイレ

サイトの状況 砂利
宿泊可（通年） 日帰り可（通年）
ペット可
直火不可 花火不可 車・バイクの乗り入れ可

遠刈田温泉街の目の前に2021年5月にオープンしたキャンプと車中泊ができるコインパーキング。いずれも券売機でチケットを購入して利用するシステム。キャンプは車を乗り入れられるオートサイト5区画を備え、利用は完全予約制。軽自動車からキャンピングカーまであらゆる車で利用できる車中泊は電源の有無を選べる。「電源あり」の場合のみ予約も可能だ。バーベキューやたき火はキャンプ場、ガスコンロは車中泊場で使用できる。

コンビニエンスストアや日帰り入浴施設、足湯などがすぐ近くにあり、バイカーや家族連れ、ソロキャンパーまで幅広い層に人気。蔵王の「御釜」、蔵王チーズ工場、蔵王キツネ村、各種体験施設などへのアクセスにも便利。

案内に従ってチケットを購入しよう

07 ドロキャン新川

DATA
仙台市青葉区新川佐手山8-21
tel.022-797-6180
http://drone-camp-nikkawa.com/

営／9:00～17:00（宿泊チェックイン14:00、チェックアウト11:00、日帰り11:00～16:00） 休／火・水曜（祝日は営業） サイトの種類・料金／区画サイト900円から※別途入場料が必要 主な施設・設備／管理棟、トイレ、炊事棟、シャワー、ドローン練習場（冬季は閉鎖） レンタル用品／各種あり（グリーンシーズンのみ）

サイトの状況 土
宿泊可（通年） 日帰り可（通年）
ペット不可
直火不可 花火可 車・バイクの乗り入れ可
※手持ち花火のみ ※サイトにより異なる。詳細はWEBサイトで確認を

冬キャンプもOK

ドローン練習やコーヒータイムも 新川の自然の中で多彩な過ごし方

仙台市街地から気軽にアクセス可能

通年営業のコンパクトなキャンプ場。ファミリーはもちろんソロ、グループキャンプやデイキャンプ、ワーケーション利用まで幅広く対応している。道具一式レンタルの「手ぶらキャンプ」などビギナー向けのプランも充実。また、キャンプ場限定のオリジナルブレンドコーヒー豆の販売から、ばい煎・ドリップが体験できる機器のレンタルと生豆もセットにした「手ぶらコーヒー」などのユニークなプランも用意している。

特筆すべきはキャンプ場でドローンの練習場を併設していること。個人もレンタルして体験できる他、より操縦技術や知識を向上したい方や企業向けにスクールや講習の場も提供する。練習場の利用は要事前予約、詳細は問い合わせを。

秋保の古民家で
デイキャンプ体験

一軒家の古民家とガレージを貸し切って多彩な使い方が楽しめる

築約50年の古民家とガレージでデイキャンプを楽しむ「古民家＋キャンピング＝コミンピング」を提案する。利用は1日1組の完全貸し切りスタイル。屋内施設のため、天気を気にせずアウトドア初心者や小さな子ども連れも、気軽に非日常的な体験が楽しめる。家具や食器、調理器を完備するとともに、ガレージにはピザ窯やかまど、バーベキューコンロ、アウトドアテーブルセットを備え、ピザ作りやバーベキュー、芋煮などが可能。「子供用プール」といったオプションメニューや、まき、炭、焼き網などの無人販売もある。

家族や仲間同士での気軽なレジャーはもちろん、食材を持ち寄ってアウトドアグルメを楽しんだり、ママ会やワークショップ、セミナー、会議、撮影会のスペースとしてレンタルしたりとさまざまな用途に活用されている。

芋煮やピザ作りにも挑戦

08

秋保コミンピング

DATA

仙台市太白区秋保町長袋大原126
Eメールcominping@gmail.com
http://cominping.com

営／日帰り9:00～17:00（利用可能日はWEBサイトで要確認）　料金／1グループ1～3月1時間2000円、4～12月1時間3000円　（いずれも最低利用時間 5時間から）※7～9月、11～3月は冷暖房費としてプラス1日1000円
主な施設・設備／エアコン、キッチン、IHコンロ、プロジェクタ、TV（DVD視聴専用）、冷蔵庫、タープテント、アウトドアテーブル・チェア、芋煮用かまど・鍋等

宿泊不可　日帰り可（通年）

ペット可　※屋外とガレージのみ

直火不可　車・バイクの乗り入れ可

09

Glamping Spa Sendai 杜 〜KOMOREBI〜

DATA
仙台市太白区秋保町湯元字木戸保7-1
tel.022-397-1515(電話受付8:30〜20:30)
https://glamping-spa-sendai.com

営／チェックイン15:00 〜 17:00、チェックアウト10:00まで 料金／平日2人1室利用1人当たり3万5200円、同3人1室利用1人当たり3万4100円、同4人1室利用1人当たり3万3000円から 主な施設・設備／トイレ・洗面所、シャワールーム、露天風呂、エアコン、ベッド(3台目以降は簡易ベッド)等

宿泊可(通年) 日帰り不可

ペット可 ※専用施設のみ

直火不可 花火可 車・バイクの乗り入れ不可
※指定場所あり ※駐車場あり

温泉も楽しめるリッチなグランピング

秋保温泉郷に2021年8月にオープンしたドーム型グランピング施設。ドームの外壁には断熱材を使用し、エアコンも完備しているため一般的なアウトドアキャンプと比べ、季節の寒暖に左右されにくいのが特徴。各棟最大で5人まで収容可能だ。

木のぬくもりが感じられるプライベート露天風呂とともに、トイレ、シャワールーム、洗面台を完備しており、非接触のプライベート空間でグランピングを楽しめる。温泉宿「蘭亭」が運営し、同宿の大浴場も利用可。

夕食付きのプランでは専用のBBQコテージで黒毛和牛サーロインステーキと蘭亭の料理長厳選の旬の野菜などをバーベキューで堪能できる。またこのBBQコテージには冷蔵庫と電子レンジも完備し、食材の持ち込みも可能。朝食はフレンチトーストが付いた洋食セットか、蘭亭の和食バイキングから選べる。

現在グランピングドームは、愛犬と泊まれる「ゾーオン」、天体望遠鏡とプラネタリウムが楽しめる「アステール」、キュートなインテリアが女性に人気の「ギュネー」とそれぞれの個性が際立った3棟になっている。

アステールプラネタリウム

プライベート露天風呂も魅力

BBQコテージ

グランピングシャワールーム

通年営業スタートし
冬キャンプの需要増

海の目の前に広がる開放感が魅力

新しいログキャビンは少々の悪天候でも安心

テント、テーブル、椅子などがそろい、手ぶらでキャンプができる

リアス式海岸と雄大な太平洋を見渡せる高台にあり、開放的な波音をBGMに過ごせる。2021年から通年営業になり、冬キャンプ目当ての利用が増えている。

フリーサイトやオートサイトに加え、キャンピングカーなど自家用車で宿泊したい人向けの車中泊サイトも用意している。21年に南三陸町産スギを使ったログキャビン3棟を増設。エアコンやAC電源、ベッドを完備し、玄関前の屋根の下にはバーベキュー（BBQ）やたき火ができるスペースがある。

管理棟の「神割観光プラザ」ではキャンプ用品のレンタル、食品や燃料の販売。地元食材を使ったテイクアウトメニューやBBQ用食材などが人気。「手ぶらでキャンプ」など初心者にうれしいプランも用意している。

受け付けやレストランがある管理棟

10 神割崎（かみわりざき）キャンプ場

DATA

南三陸町戸倉字寺浜81-23
tel.0226-46-9221（火曜を除く9:00～18:00）
https://www.m-kankou.jp/kamiwari-camp/

営／宿泊チェックイン13:00～18:00、チェックアウト11:00、日帰り10:00～17:00　休／無休（管理棟は火曜休み）　入場料／宿泊 小学生以上600円、日帰り18歳以上300円、小・中・高校生200円　サイトの種類・料金／フリーサイトのテント・タープ1張り400円、オートサイト1区画3000円、ログキャビン1棟宿泊5000円から・日帰り2000円から、車中泊サイト1台1000円　主な施設・設備／AC電源（オートサイト・ログキャビンのみ、使用電力量の制限：オートサイト1区画1500wまで）、管理棟、炊事棟、トイレ、シャワー、ゴミ捨て場、フリーWi-Fi（オートサイト・ログキャビンのみ）　レンタル用品／テント一式、寝袋、電気ランタン等。手ぶらでOK

サイトの状況　天然芝
宿泊可（通年）
日帰り可（通年）

ペット可　※リード必須、マナー遵守

直火不可
花火可　※手持ち花火でコンクリートか砂利の上でのみ
車・バイクの乗り入れ可　※オートサイトと車中泊サイトはサイトへ直接駐車可能、他プランは荷物の搬出入時のみ乗り入れ可能

金華山が正面に 風光明媚なロケーション

牡鹿半島の先端にあり太平洋が目の前

11 おしか家族旅行村オートキャンプ場

DATA
石巻市鮎川浜駒ヶ峰1-1
tel.0225-45-3420(8:30～17:00)
https://www.oshika-campingpark.jp

営／チェックイン14:00から、チェックアウト10:00まで、管理棟7:00～21:00　休／12～3月火・水曜　サイトの種類・料金／区画サイト、フリーサイト各3050円から　主な施設・設備／AC電源20A、管理棟、炊事棟、トイレ、シャワー、ゴミ捨て場、ランドリー、フリーWi-Fi(管理棟周辺のみ)　レンタル用品／バーベキューコンロ、たき火台、ダッチオーブン等

サイトの状況　芝
宿泊可（通年）　日帰り可（通年）
ペット可　※リード、ケージで管理を
直火不可　花火可　車・バイクの乗り入れ可
※アスファルトのみ、芝への乗り入れ不可

牡鹿半島の先端にあり、金華山を正面に望むロケーション自慢のキャンプ施設。

オートキャンプサイトは31区画（うち電源付きサイト5区画）で、最大5張利用できるフリーサイトもある。2017年からオートキャンプサイトで12～3月の冬キャンプも可能になった。炊事場、温水シャワー、水洗トイレ、コインランドリーを完備。管理棟の売店ではキャンプグッズやまきはもちろん、食材などもそろえ、バーベキューや釣りをはじめとするレジャーにも対応してくれる。

5～10人で利用できる大小のケビン6棟には電子レンジや調理器具、食器類も備え、家族連れやグループ客らに人気だ。

各種施設や設備も充実

客室のある宿泊施設や入浴施設なども併設

ユニークな和室付きサイトもある

12 るぽぽの森

DATA
川崎町今宿字小屋沢山39
tel.0224-84-6611
http://www.rupopo.org

営／デイキャンプ9:00～17:00（+1000円で20:00まで延長可）、チェックイン13:00から、チェックアウト12:00まで※アーリーイン9:00から、レイトアウト17:00まで可（3連休やゴールデンウイーク、お盆・正月期間を除く）　サイトの種類・料金／区画サイト2000円から　主な施設・設備／AC電源1000W、管理棟、炊事棟、トイレ、シャワー、風呂、ゴミ捨て場、ランドリー、フリーWi-Fi（センターハウスのみ）　レンタル用品／テント、タープ、寝袋、バーナー、テーブル等

サイトの状況　砂利、土、芝
宿泊可（通年）　日帰り可（通年）
ペット可　※Aサイトのみ。予約時に申請を
直火不可　花火可　車・バイクの乗り入れ可
※1サイト1台

「るぽぽかわさき」「笹谷オートキャンプ場」が2017年に宿泊施設付きオートキャンプ場としてリニューアル。ソロキャンプからファミリーキャンプ、デイキャンプ、冬キャンプまで四季を通じてさまざまなスタイルで楽しめる。キャンプ場に清流が隣接する自然豊かな環境で川遊びや渓流釣りも可能だ。

宿泊施設と日帰り入浴（入浴料通常大人500円、小・中学生300円、未就学児無料）施設のあるセンターハウスを備え、宿泊者、デイキャンプ利用者は入浴無料。部活動などスポーツの合宿や研修・会議などのビジネス利用にも重宝されている。

冬キャンプも好評

テントや寝具を完備し
初心者でも安心

隣のサイトとの距離を保ち、広々とした空間でキャンプを楽しめる

テントとタープを張ってアットホームな雰囲気

調理器具や食器も用意されている

木に囲まれたのどかな地に、テント付きのサイト7区画をゆったりと配置している。テントはもちろん、寝具やランタン、テーブル、チェア、バーベキュー（BBQ）用調理セット一式が付いているため、キャンプ用品を持っていない初心者でも気軽に楽しめる。ダッチオーブンなどを別途料金でレンタル可能。食材は各自で持参しよう。BBQや火起こしなど困ったことがあればスタッフが24時間いるから安心だ。利用者は施設内にある木を活用したブランコや滑り台で遊べる。夜は美しい星空が自慢。

キャンプ場内のカフェ「Kitchenななほし」や、近くにある長老湖で実施しているウォーターアクティビティ「サップ（SUP）体験」（予約制）は日帰りでも利用できる。

予約すればSUPにトライできる

13

南蔵王やまびこの森キャンプ場 &Kitchenななほし

DATA

七ケ宿町字上ノ平29
tel.0224-37-2134(9:00～17:00)
https://7kashuku.jp/yamabikonomori/

営／4月下旬～10月下旬、チェックイン15:00、チェックアウト10:00　休／火・水曜(連休などは変動する場合がある)
入場料／利用はテント他レンタルセット代に含まれる。カフェの利用は無料　サイトの種類・料金／1区画定員3人1万5000円から(テント他レンタルセット込み。姉妹施設「wood & Spaや・まっしぇ」無料チケット付き)※サイトにより最大人数、料金は異なる
主な施設・設備／AC電源、管理棟、炊事棟、トイレ、シャワー、ゴミ捨て場、フリーWi-Fi
レンタル用品／テント他レンタルセット

サイトの状況　砂・デッキ
宿泊可(4月下旬～10月下旬)
日帰り不可
ペット可　※No.1、No.2のサイトのみ
直火不可
花火可　※手持ちのみ
車・バイクの乗り入れ不可　※駐車場あり

炊飯器も使えるシンク付き
コテージやキャビンを併設

夜は星空が美しい

14 きららの森

DATA
七ケ宿町侭ノ上 129
tel.0224-37-3111
https://ski-shichikashuku.com/green.html

営／チェックイン13：00から、チェックアウト11：00まで（施設によって異なる） 休／11～4月下旬（スキー場として営業） サイトの種類・料金／区画サイト4300円から、フリーサイト3300円 主な施設・設備／AC電源、管理棟、炊事棟、トイレ、シャワー、ゴミ捨て場（有料）、ランドリー レンタル用品／タープ、BBQ台、たき火台など

サイトの状況 区画サイト山砂、フリーサイト芝
宿泊可　日帰り可
ペット可 ※キャンプ利用の場合のみ。トイレのしつけと無駄吠えのコントロール、リードが必要
直火不可　花火可 ※手持ちのみ　車・バイクの乗り入れ可 ※1サイトにつき1台まで

コテージやログキャビンを併設

「みやぎ蔵王七ケ宿スキー場」に隣接するオートキャンプ場。車の乗り入れの可能な「オートサイト」は全サイトAC電源、水道付き。電源・水道はないが自由にレイアウトでき、先着順で広々利用できるフリーサイトもある。炊事等には8台のシンクと電源を備え、炊飯器などの使用も可能だ。コテージやログキャビンも併設している。夏でも夜間は冷え込むことがあるため、防寒着を持参しよう。

売店もあり、ちょっとしたキャンプ用品や調味料、手持ち花火、おもちゃ類などを販売している。チェックイン時に申し入れると、翌朝8：00に受け取れる焼きたてのクロワッサンも購入可能だ。各施設とも2カ月前からオンラインで予約可能。

15 秋保リゾートホテルクレセント森林スポーツ公園

DATA
仙台市太白区秋保町湯元字青木33-1
tel.022-398-2345
http://www.h-crescent.co.jp/sportspark/

営／10:00～16:30 休／無休 サイトの種類・料金／区画サイト2300円から 主な施設・設備／AC電源1500W、管理棟、炊事棟、トイレ、シャワー、風呂、ゴミ捨て場 レンタル用品／炊事用具等

サイトの状況 土
宿泊可（通年）　日帰り可（通年）
ペット可 ※リード着用、無駄吠えさせないこと
直火不可　花火可 ※指定場所のみ　車・バイクの乗り入れ可

秋保温泉郷の中にあるキャンプ場

ユニークなお得サービス
天然温泉の温泉施設も

2022年から通年営業に

グラウンドや体育館、芋煮会場、フィールドアーチェリーコース、バーベキューガーデンなどの集まるスポーツ公園内のオートキャンプ場。コンパクトな40区画のオートサイトを備え、2022年から12～3月の冬キャンプ営業も開始した。

子ども連れに人気の遊具や天然温泉の温泉施設もあり、宿泊客は入浴OK。1サイト1回利用ごとに押印し5ポイントたまると次回1サイトが無料となる「ポイントサービス」や、利用日当日8：00時点で午後の降水確率が50％以上の場合、降水確率分サイト料を割り引く「雨の日割引サービス」の他、平日のソロキャンパー500円引きなどのお得なサービスもある。

川遊びのできる清流のある自然豊かな環境

充実したオリジナルフードやプライベートサウナも魅力

キャンプサイトは4㍍×4㍍の「スモール」と4㍍×8㍍の「レギュラー」の2種類。場内には完全貸し切りで楽しめるプライベートサウナ「MARUMORI-SAUNA」やコテージ、芝生広場、川遊びのできる清流などがあり、コテージでは冬季限定の「ランチプラン」などの企画も。管理棟併設の売店ではキャンプグッズの販売やレンタル、コーヒー、レモネード、ホットサンド、丸森のクラフトビールなどのテークアウトメニューの他「ホットサンド体験セット」「ポップコーンセット」といったキャンプグルメが楽しくなるような道具と食材のセットも用意している。

フィンランドサウナ施設「MARUMORI-SAUNA」

16

不動尊公園キャンプ場

DATA

丸森町字不動64-1
tel.0224-72-2646
https://www.fudousonpark.site

営／9:30～17:30（12～3月は17:00まで）、日帰り10:30～16:00、宿泊チェックイン13:00、チェックアウト10:00 休／火曜、年末年始、その他臨時休あり サイトの種類・料金／日帰りスモール1人1000円から、レギュラー1人1500円から、宿泊スモール1人1500円から、レギュラー1人2000円から 主な施設・設備／管理棟、炊事棟、トイレ、シャワー、ゴミ捨て場 レンタル用品／タープ、テント、シュラフ、食器等

サイトの状況：土

宿泊可（通年）　日帰り可（通年）

ペット不可

直火不可　花火可 ※手持ちのみ　車・バイクの乗り入れ不可 ※駐車場あり

子どもたちが存分に遊べる環境
芋煮など日帰りレジャーに便利

広々としたデイキャンプ場

17
海岸公園冒険広場

DATA
仙台市若林区井土字開発139-1
tel.022-289-6232
https://bouken-asobiba-net.com/bouhiro/

利用時間／10:00〜16:00（7〜9月は17:00まで） 休／火曜（祝日の場合は翌平日）、12〜3月 サイトの種類・料金／区画サイト500円から 主な施設・設備／管理棟、炊事棟、トイレ

サイトの状況：芝

宿泊不可

日帰り可（4〜11月）

ペット可 ※リードを付け、ふん尿は始末をすること

直火不可　花火不可　車・バイクの乗り入れ不可 ※駐車場あり

日帰りで利用できる全54区画のデイキャンプ場。全区画にテーブルとカマドを備え、カマド以外で火を利用する際は足つきコンロなどの利用が必須。利用日の2カ月前から予約でき、芋煮会のシーズンやゴールデンウイークなどは混み合うため早めに予約しよう。中学生以下は成人の引率者または保護者の付き添いが必要。

子どもたちが泥遊びをしたり、道具や工具、材料を使って自由に作ったり体を動かしたりできる「冒険遊び場（プレーパーク）」、さまざまな遊具を集めた「幼児遊具広場・大型遊具広場」を備え、家族連れに人気。公園の奥に「避難の丘」と展望台があり、津波避難警報が発令された際の避難場所としての役割を担う。

まきや炭の燃えかすは専用の場所で処分を

18
キャンピングビレッジ 登米森林公園

DATA
登米市登米町大字日根牛上羽沢158-23
現地tel.0220-52-3482
登米町森林組合tel.0220-52-2075
https://forest100.jp/camp/

営／日帰り9:00〜16:30、宿泊チェックイン11:00、チェックアウト10:00 休／火曜、冬季（11〜4月中旬）、その他臨時休あり サイトの種類・料金／区画サイト テント1張り当たり1500円から（入園料別途）、フリーサイト テント1張り当たり500円から（入園料別途） 主な施設・設備／共用AC電源、管理棟、炊事棟、トイレ、シャワー、ゴミ捨て場（有料）、フリーWi-Fi（管理棟周辺） レンタル用品／BBQコンロ、鍋、テーブル等

サイトの状況：芝（区画サイトは一部スノコ敷）

宿泊可（4月下旬〜10月）

日帰り可（4月下旬〜10月）

ペット可

直火不可　花火可 ※駐車場で手持ちのみ　車の乗り入れ可 ※バイクは管理棟前の駐車場に駐車

「森林セラピーロード」を整備
四季の自然の中でリフレッシュ

自然に囲まれた環境

新緑や紅葉など季節ごとに移ろう豊かな自然に恵まれた山間のキャンプ場。

園内には車1台を乗り入れられる「オートキャンプサイト」と芝生に自由にレイアウトできる約20張の「フリーサイト」の他、炊事棟、トイレ棟、木製遊具が集まる「ちびっこ広場」を整備。オートキャンプサイトにはスノコ敷のサイト（3・6㍍×3・6㍍）8区画、キャンピングカーサイト3区画があり、いずれも共用電源付き。家族でのファミリーキャンプからソロキャンプ、ベテランからキャンプ初心者まで幅広い層に人気だ。

「森林セラピーロード」も併設し、トレッキングや森林浴でリフレッシュできる。

管理棟

19
国営みちのく杜の湖畔公園 エコキャンプみちのく

DATA
川崎町大字川内字向原254
tel. 0224-84-6633
https://www.michinoku-park.info/camp/

営／9:30～17:00、日帰り9:30～17:00、宿泊チェックイン14:00（コテージ15:00）、チェックアウト翌11:00 休／火曜、年末年始、その他臨時休あり サイトの種類・料金／区画サイト3150円から、フリーサイト1600円から 主な施設・設備／AC電源15A管理棟、炊事棟、トイレ、シャワー、ゴミ捨て場、ランドリー レンタル用品／タープ、テント、シュラフ、食器等

サイトの状況 土

宿泊可（4～11月）　日帰り可（4～11月）

ペット可 ※ペット専用サイトのみ

直火不可　花火不可　車・バイクの乗り入れ可

広大な敷地にスポーツ施設や遊具、広場などを備える国営みちのく杜の湖畔公園北地区に、2003年にオープンした自然豊かなキャンプ施設。フリーテントサイトとオートキャンプサイトの他、炊事場やトイレ、コインシャワーなどを完備している。キャンプ用品や用具のレンタルも充実し、2日前に予約すれば「ジンギスカンセット」「芋煮セット」といった食材のセット、弁当なども注文できる。キャンプ初心者も気軽にアウトドア気分が味わえる「ログハウスタイプ」や「バリアフリータイプ」など5タイプのコテージ30棟も併設している。

コテージ30棟も併設

スポーツ施設などの集まる複合レジャー施設

自然豊かなキャンプ施設

多彩な体験も魅力 アウトドアの祭典

Outdoor Park in MICHINOKU

2019年から国営みちのく杜の湖畔公園で開催されているアウトドアの祭典。アウトドアグッズの販売やキャンピングカー展示など約70ブースが集まる。南部鉄器や、秋田産のまきなど東北ならではのラインアップも魅力。見たり買ったりするだけでなく、釣った魚をその場で味わう「フィッシュ&イート」や、ロープを使った木登りなど触れて、遊んで体験できるワークショップも充実している。20年はコロナ禍で中止されたが21年にも第2回が開かれ、アウトドアファンのみならず、公園を訪れた花見客らにも好評を博した。22年も5月末に開催される予定。

問／みちのく公園管理センター tel.0224-84-5991

用品などを展示販売

アウトドアのプロによるプログラムも

親子で楽しめる多彩なアクティビティ

キャンプ場がつないだ「音楽」と「まち」の絆

ARABAKI ROCK FEST.と川崎町の17年

キャンプをしながら音楽を楽しむ、東北を代表する野外イベント「ARABAKI ROCK FEST.」。2001年にスタートし、06年からは川崎町のエコキャンプみちのくで開かれる春のイベントとして定着している。3年ぶりの開催を控え、22年に誕生したのが、出演アーティストらが手掛けた川崎町のテーマソング。キャンプ場で育まれてきた「音楽」と「まち」の絆とは――。

取材・写真協力／GIP、川崎町

地域密着の音楽イベント

全国各地の野外ロックフェスティバルの先陣を切る春のイベントとして「ARABAKI ROCK FEST.（アラバキ）」が行われるようになったのは2005年。当初は季節を固定せず、会場も仙台港や多賀城など仙台近郊で行われていたが、06年に川崎町で初開催。以降、毎年「国営みちのく杜の湖畔公園 エコキャンプみちのく」で春に開催され続けている。

色とりどりのテントが並ぶ会場

「アラバキの春開催に踏み切った翌年、春の東北にふさわしいロケーションを求めて新しい会場を探していた際、偶然、『風の草原』を整備中のみちのく公園北地区に出合いました」と、きっかけを語るのはプロデューサーの菅真良さん（GIP）。

「釜房湖と蔵王山麓に囲まれた雄大なロケーション。開花状況によって桜が満開の会場で行われた年もあり、蔵王の山並みには雪化粧が残っていることが多く景色も圧巻です。町民の方々の温かさも川崎町で継続してきた理由です」と説明する。

ステージ上で町長が全国から訪れた音楽ファンたちにあいさつしたり、住民らが川崎町の物産品を販売したりと、地域密着のスタイルも魅力。

「出演者もお客さんも（アラバキに参加することが）〝一年に一度の里帰り〟のような気持ちだと思います。小山修作町長のあいさつ前には（観客から声援が飛ぶ）『町長コール』が定番になりました。川崎中学校吹奏楽部のオープニングや川内太鼓も好評です」と菅さん。

「会場では川崎町自慢のそば、イワナ、玉コンなどの田舎料理のおもてなし出店がお客さんを迎えてくださいます。バックステージでの川崎町名物料理を出演者の皆さん本当に楽しみにしています」と話す。

川崎町地域振興課によるとアラバキは全国の音楽ファンに町や特産品の魅力をアピールする場にもなっているそう。「ふるさと納税での地酒への反響などに手応えを感じます。中学生や川内太鼓保存会がステージにも立っていて、地元で開催されることを誇りに思う住民の方も多いようです」と同課。

町の魅力を伝える歌が誕生

20・21年はコロナ禍で中止されたものの、長年アラバキが川崎町で開催されてきた縁をきっかけに、この春には川崎町公式テーマソング「大好き！宮城県川崎町」も作られた。「川崎町への今までの感謝と、これからもアラバキを川崎町で続けていけることへの思いを込めて、町へ制作の提案をしました」と菅さん。

キャンプファイヤーやライトアップなどキャンプをしながら泊まりがけで楽しむ来場者のための工夫も。寒暖の差が激しいので、夜の防寒を呼び掛けている

提案に応え、町ではアラバキの常連出演者で「荒吐親善大使」を務めるシンガーソングライター堂島孝平さんに作曲を依頼。編曲は高野勲さん、演奏にも山本健太さん、上原子友康さんらアラバキゆかりのミュージシャンが参加している。

歌詞に盛り込まれた「みちのくの杜」「蔵王のお釜」「支倉常長」「青根温泉」「釜房の湖畔」「チョコえもん」といったキーワードは町内の小学生に「川崎町をイメージするフレーズ」としてアンケートで募集。町ゆかりの偉人で、スペイン・ローマに渡った支倉常長をイメージし、軽快で楽しく明るい楽曲に仕上げた。町では楽曲を町の公式YouTube「宮城県川崎町ちょこっとええtube」やラジオ、テレビCM、町内のイベントのBGMなどとして活用する他、振り付けなども考案し「歌って踊れるテーマソング」としても展開するという。

菅さんは「アラバキ開催以外の年も町の魅力を伝えるきっかけになっていけたら」と期待する。

新スタイルで楽しむキャンプ&アウトドア

国営みちのく杜の湖畔公園

みやぎ蔵王セントメリースキー場

春の釜房ダムの湖面

宮城県川崎町ちょこっとええtube

川崎町公式テーマソング「大好き!宮城県川崎町」

みちのくの杜と 蔵王のお釜 エメラルド
桜が咲いて、ロックンロールが 響くよ
あなたの 真夏の恋人は 支倉常長で
月夜に 青根温泉で ドキドキしちゃう

ハロー、ニーハオ、コモエスタ!
セントメリーでスウィングしよう 釜房の湖畔で
チョコえもんと歌って踊ろう
大好き 宮城県 川崎町
(だいすき みやぎけん かわさきまち)

作詞/川崎町の小学生&あべあおい(THE ARNOLDS)
作曲/堂島孝平(シンガーソングライター/荒吐親善大使)
編曲/高野勲
演奏・歌唱/**ピアノ**山本健太 、**ギター**上原子友康(怒髪天)、**コーラス**林成一郎(indischord)、岩巻ミユウ&ハブキアイナ(THE ARNOLDS)、歌唱あべあおい(THE ARNOLDS)

ARABAKI ROCK FEST.22

4月29日(金・祝)開場9:00、30日(土)開場9:00、5月1日(日)開場9:00
※キャンプ終了5月2日(月)9:00 ※雨天決行
会場/みちのく公園北地区 エコキャンプみちのく 川崎町大字川内字向原254
チケット(各1人)/3日通し券3万3000円、各1日券1万2000円、小学生以下無料、キャンプサイト券4000円
https://arabaki.com/

コロナ禍で中止を余儀なくされ、3年ぶりとなる「アラバキ」。菅さんは「2年続けての中止に、悔しい思いをしました。コロナ禍の大変な時期ですが、音楽フェスを止めてはいけないと思っています。参加されるお客さまや関係者の皆さまには、感染対策などご協力をいただかなければいけないこともありますが、何卒、ご理解いただけたら幸いでございます。桜が満開の川崎町・みちのく公園でお会いできたら最高ですね! 3年ぶりのアラバキ、よろしくお願いいたします」と呼び掛けている。

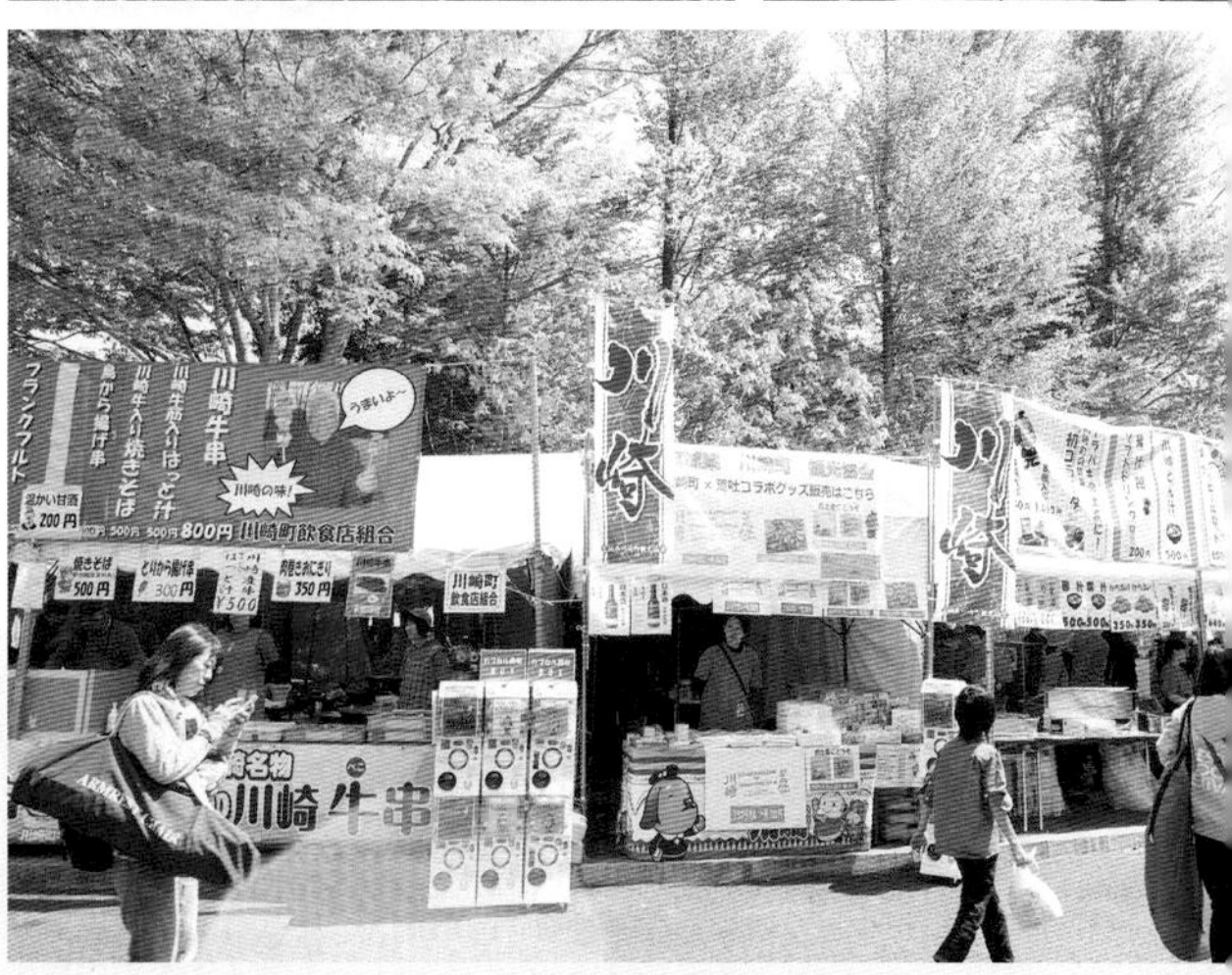

ステージでは川崎町長があいさつし、桜に彩られた会場内には町のご当地グルメの屋台や物産コーナーも並ぶ

お土産と言えば 笹かまぼこ

名物誕生小話

かまぼこは、平安時代の文献に見られることから、1000年前には存在していたと考えられる。それ以前にも、竹串などに魚肉を筒形に巻き付け、あぶって食べていたようだ。

かまぼこの名の由来は、その巻き付けた形がガマ(蒲)の穂に似ていることから「がまのほ」と呼ばれ、やがて「かまぼこ」になったという話が通説。地域によって種類や製法は異なるが、主に蒸し、焼き、ゆで、揚げに大別される。はんぺんやつみれもそれらの仲間だ。

ヒラメの大漁に困って

宮城県内に、かまぼこが誕生

仙台エキナカ　検索

笹かまの
ルーツとも言うべき
手のひら蒲鉾

伊達62万石の仙台城下を賄う漁港として栄えた閖上港。ヒラメの宝庫として知られるこの地で「手のひら蒲鉾」は誕生しました。当時の製法のままに、一枚一枚手でたたいて形を整えて、炭火でじっくりと焼き上げる「素朴でふっくらした味わい」をご賞味ください。

佐々直
中田バイパス店／
仙台市太白区中田町字清水15-1
TEL022-241-2324
エスパル仙台店
仙台空港売店
仙台三越店
でもお買い求めいただけます
佐々直　検索

創業100有余年。
これまでも、これからも、
まごころ込めてつくります。

白謙の笹かまぼこは、厚みがあってプリッとした歯ごたえ。魚本来の旨味とほんのりした甘味を引き出した、逸品ぞろいです。厳選素材を使って一枚一枚丁寧に造りあげています。

石巻 白謙蒲鉾店
本店／石巻市立町2-4-29
TEL0225-22-1842
エスパル仙台店
仙台三越店
藤崎店
でもお買い求めいただけます
白謙　検索

阿部蒲鉾店の看板商品
「魚の旨みがしっかりする」
阿部の笹かまぼこ

職人が五感を研ぎ澄ませてすり身の状態を見極め、しなやかな弾力のあるぷりぷりとした食感を実現しました。吟味されたミネラルたっぷりの塩と宮城県産本醸造特級醤油を配合した魚の旨みが際立つ味付けです。

阿部蒲鉾店
本店／仙台市青葉区中央2-3-18
TEL0120-23-3156
エスパル仙台店
藤崎店
仙台三越店
松島寺町店
でもお買い求めいただけます
阿部かま　検索

明治43年創業。
かまぼこの、次の百年へ。

石巻沖で水揚げされたのどぐろをたっぷりと使った「のどぐろ笹かま」は、焼き魚を思わせるパンチのある風味と味わいが特長です。水さらしの工程を抑えた落とし身を練り込む事でのどぐろ元来の旨味を引き出しました。

松澤蒲鉾店
ハピナ名掛丁本店／
仙台市青葉区中央1-8-28
TEL0120-25-6433
仙台空港売店
エスパル仙台店
杜の市場店
宮城の萩大通り店
でもお買い求めいただけます
松澤かまぼこ　検索

4つの味が楽しめる
かわいい笹蒲鉾

一口サイズの笹蒲鉾を4種(チーズ・しそ・牛たん・プレーン)詰め合わせたアソートタイプです。ささ圭の笹蒲鉾はすべて合成保存料不使用の体にやさしい蒲鉾。上質のすけとうだらのすり身でふっくら、ぷりっと焼き上げているので、魚の旨味を存分に感じられる笹蒲鉾です。

手造りかまぼこ工房 ささ圭
名取市増田3-10-13
TEL022-784-1239
エスパル仙台東館
東北めぐり いろといろ
東北自動車道
菅生PA上り線売店
でもお買い求めいただけます
ささ圭　検索

カネコ

肉厚でふっくらとした
味わいが自慢の逸品です。

第66回・68回・70回全国蒲鉾品評会にて、弊社の「松島笹」が「水産庁長官賞」を受賞いたしました。1枚の大きさが約100gと大きく肉厚で、ふっくらとした笹かまをご賞味ください。

カネコの笹かま
本社工場直売店／
塩釜市北浜4丁目4番17号
TEL022-361-1533

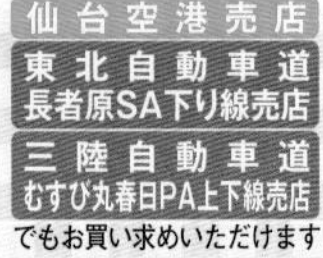

仙台空港売店
東北自動車道
長者原SA下り線売店
三陸自動車道
むすび丸春日PA上下線売店

でもお買い求めいただけます
カネコの笹かま　検索

したのは江戸時代中期とされる。しかし、仙台藩の「貞山公治家記録」によると、伊達政宗が江戸屋敷で徳川秀忠・家光をもてなした際の献立に「カマホコ」の名前が見られ、もっと昔から食べられていた可能性はある。

三陸沖が近い宮城では、明治時代後期にヒラメの大漁が続いた。余った魚の処理に困った魚屋たちは、魚をすりつぶし、平たくして焼いて食べたという。これが今の笹かまぼこのルーツ。その後、先見の明があった魚屋がおいしいかまぼこ作りに努め、各地で開かれた博覧会に出品してアピールした。

仙台名産として脚光を浴びるようになったのは、昭和30年代後半から。経済成長に伴う観光業の発達や、保存・輸送技術の進歩によって、笹かまぼこの名は全国へ広まった。

現在、県内には多くのかまぼこ店があり、それぞれ独自色を打ち出している。伝統製法にこだわった店、笹かまぼこ作りの見学や体験ができる店、新商品の開発に力を注ぐ店……。商品もヘルシーさをうたった豆腐入りのかまぼこや、つまみ、おやつになる商品など、品ぞろえ豊か。食べ比べて好みの味を見つけよう。

笹かまぼこができるまで

❶魚の身おろし・水さらし

ベテランの職人が、魚の身を丁寧に取ります。きれいな水にさらして脂分や不純物を取り除いた後、搾って水気を抜き取ります。

❷練り合わせ

調味料などを入れて練り合わせ、粘りとうま味を引き出します。

❸形成

笹かまぼこ独特の笹の葉の形に整えます。

❹焼き上げ

香ばしい焼き色が付くまで、じっくり焼き上げます。

JR仙台駅 仙台エキナカおみやげ処で お待ちしております

営／おみやげ処せんだい1号 9:00〜20:00
(佐々直・粟野蒲鉾店は〜19:00)
おみやげ処せんだい2号 9:15〜19:15

※新型コロナウイルスの感染拡大状況および「国・県・市」からの要請により変更となる場合があります

お問い合わせ／JR東日本東北総合サービス株式会社 仙台営業所　TEL022-354-1577

こんな食べ方はいかが？ 笹かまぼこレシピ

そのまま食べても美味しい笹かまですが、ちょっとの工夫で大変身！みなさまからのオススメレシピをご紹介。

1 チーズであつあつ 笹かまピザ

ピザ生地を笹かまぼこに変えたアイデアメニューで、笹かまぼことピザチーズの相性が良いのも新しい発見。いろいろなトッピングで楽しんで!

材料

- 笹かまぼこ 4枚
- ピザチーズ 40g
- ピザソース 20g
- 玉ねぎ 20g
- ピーマン 1/2個
- パプリカ 1/4個

作り方

①笹かまぼこは縦に半分に切る
②玉ねぎ、ピーマン、パプリカはすべてスライスする
③耐熱皿に笹かまぼこを並べ、上にピザソースを塗る
④野菜、ピザチーズをトッピングする。
⑤200度で5分間を目安に、良い焼き色が付くまで焼く

2 ワインが欲しくなる イタリアンサラダ

笹かまぼこは、程よい甘みと塩分で仕上げてあるので色々なチーズと相性バツグン!お子様も含めご家族皆で楽しめるモッツァレラチーズをサンドしてどうぞ。

材料

- 笹かまぼこ 3枚
- チーズ 100g
- 中玉トマト 2個
- オリーブオイル 小さじ2
- 塩 お好みで
- コショウ お好みで
- ケッパー お好みで

作り方

①笹かまぼこは長さを半分に切り、厚みにナイフを入れる
②チーズとトマトは5mm〜8mmの厚さに切る
③笹かまぼこの開いた所にチーズとトマトをはさみサンドする
④オリーブオイルをかけて、塩、コショウ、ケッパーを散らす

資料提供／阿部蒲鉾店

行列ができる名物グルメ
牛たん焼き

戦後に誕生 塩味の炭火焼き

「牛たん焼き」は仙台市青葉区にある「味太助」初代の故・佐野啓四郎さんによって考案された。仙台市内で焼き鳥中心の飲食店を経営した佐野さんは20代の頃に牛たんに出合い、その素材に魅せられた。知り合いのフランス料理店で口にした、たんシチューのおいしさに衝撃を受けたのだった。

佐野さんは焼き料理中心の店でも気軽に提供でき、日本人好みの牛たんメニューを作ることに。試行錯誤の末、牛たんを切って塩味で寝かせて焼く方法を思い付いた。こうして、戦後間もない1948年、仙台で炭火焼きの牛たん専門店を開業した。

現在、仙台の牛たん焼きは佐野さんの味を引き継ぐ塩味が多いが、味噌味やたれ味なども

仙台エキナカ　検索

やっぱり牛たんが食べたい 仙台発祥 牛たん通り

JR仙台駅3階の牛たん通りには人気の牛たん専門店がずらり。

仙台にいらっしゃった方へのおもてなしにはもちろん、それぞれの味わいがあり、お気に入りの店を見つけて何度も通いたくなる場所だ。

厚くスライスした後に数日間「仕込み」をするのが仙台牛たんの特徴。この熟成と味付けがその店の味を決める。炭火で焼き上げた牛たんとテールスープ、麦飯をセットにした牛たん定食は栄養バランスも抜群だ。

通りのシンボル 伊達政宗公騎馬像

一番奥に鎮座する伊達政宗公騎馬像。フォトスポットとしても人気です。

写真提供／JR東日本東北総合サービス㈱

た3点セットの定食スタイルが一般的。漬物や南蛮味噌漬けが添えられる場合もある。

多彩なアレンジメニュー 弁当や土産品にも

最近は牛たん専門店に限らず、仙台市内を中心とした飲食店で牛たん焼きや牛たんを使ったアレンジメニューが目を引く。カレーや煮込み、しゃぶしゃぶなど多彩で、牛たん焼きとは違うおいしさに出合える。食事にも酒のつまみにもなる牛たんは、幅広い世代に親しまれている。

東北の玄関口であるJR仙台駅

お土産はもちろん、さまざまなシーンでの贈り物としても牛たんは人気が高い。仕込みの技が光る「これぞ牛たん」の伝統の味、趣向を凝らした食べ方、牛たんの概念を覆したスタイルの商品がずらりと並ぶ「おみやげ処（どころ）せんだい」なら、お気に入りの品が見つかるはずだ。

お問い合わせ／JR東日本東北総合サービス株式会社 仙台営業所　TEL022-354-157

日本屈指の米どころ「みやぎ」みやぎ米

コメづくりで大切なのは稲の成長期から開花期に当たる夏の気象条件。宮城は、昼は十分な日照に恵まれながらも夜は比較的涼しいのが特徴で、良好な生育を促す好条件となっている。昼夜の寒暖差は、コメの甘さを引き出すことにもつながる。このような豊かな環境の中、消費者に長年愛されている「ササニシキ」や人気銘柄「ひとめぼれ」を生産するなど、宮城が古くから良質米の一大産地としての地位を確立した。近年は、もちもち食感の「だて正夢」や玄米食向け品種「金のいぶき」と、個性あふれる「みやぎ米」が誕生し、多様化する消費者の嗜好（しこう）に対応している。

「みやぎ米」主要銘柄

ひとめぼれ

おコメにつやがあり、適度な粘りとうま味や香りなどトータルバランスが良く、さまざまな料理に合う。2021年にデビュー30周年を迎え、宮城の主力品種として長く愛され続けている。

ササニシキ

炊き上がりの香り、粘り、つやも良く、ふっくらとした食感には根強い人気がある。あっさりとした味わいで、おかずの味を引き立たせる香り豊かな風味が特長で、和食との相性が特に良い。

金のいぶき

普通の玄米に比べて胚芽が3倍大きく、栄養も豊富。さらに甘くてもちもちした食感で、玄米なのに食べやすいのが特長だ。長時間の水浸けの必要もなく、白米モードで簡単に炊ける画期的な玄米。

だて正夢

もちもち食感が特徴で、かむほどに一粒一粒からおコメ本来の甘味とうま味が堪能できる。じっくり、ゆったりと味わってほしい、ぜいたくな時間を演出するブランド米。食味の良さが特長で、炊きたてはもちろん、冷めた状態での味や香りの評価も高い。

/県みやぎ米推進課 tel.022-211-2841
宮城米マーケティング推進機構」ウェブサイト
https://foodkingdom.pref.miyagi.jp/miyagimai/

仙台
エリア

仙台市

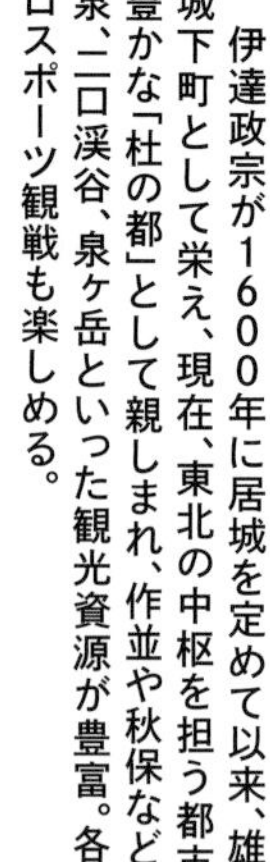

伊達政宗が1600年に居城を定めて以来、雄藩の城下町として栄え、現在、東北の中枢を担う都市。緑豊かな「杜の都」として親しまれ、作並や秋保などの温泉、二口渓谷、泉ケ岳といった観光資源が豊富。各種プロスポーツ観戦も楽しめる。

春 5月14・15日 仙台・青葉まつり

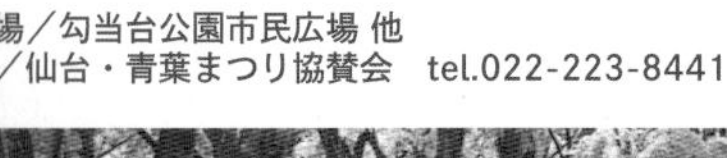

会場／勾当台公園市民広場 他
問／仙台・青葉まつり協賛会　tel.022-223-8441

❶

❷

❸

❹

❶祭り最大の見どころ「山鉾巡行」 ❷躍動感ある「仙台すずめ踊り」 ❸宵まつり ❹定禅寺通に設置される「伊達門」

仙台・青葉まつりのキャラクター
青葉すずのすけ

新緑に輝く杜の都を華やかに彩る、春の一大祭り。江戸時代に始まった仙台藩最大の祭り「仙台祭」と、明治時代にできた青葉神社の例祭「青葉祭り」が起源で、たくさんの山鉾（やまぼこ）が練り歩く祭りとして親しまれてきた。伊達政宗没後350年を迎えた1985年、市民の祭り「仙台・青葉まつり」として復活。ケヤキ並木の新緑が美しい定禅寺通などを会場に毎年5月の第3日曜日とその前日の2日間にわたり開催され、現在では仙台3大まつりの一つとして、仙台市民はもとより、多くの人に愛されるまつりとして定着している。

土曜日に開催される宵まつりでは、会場を勾当台公園市民広場、定禅寺通に限定し、伝統芸能の仙台すずめ踊りが披露される。この踊りは1603年、仙台城が築城された時の宴席で、仙台城の石垣を造った石工たちが即興で踊ったものが起源。飛び跳ねる様子がスズメのようなことと、伊達家の家紋の「竹に雀」からすずめ踊りと呼ばれ、大切に引き継がれてきた。

日曜日の「本まつり」で例年行われる「時代絵巻巡行」は仙台山鉾の巡行を予定。山鉾は5月上旬から中心商店街に展示し、祭りのムードを盛り上げる。

夏 仙台七夕まつり

8月6〜8日

仙台藩祖伊達政宗公の時代から約400年の歴史を誇る、仙台の夏の風物詩。毎年8月6日から8日の3日間開催される。期間中は国内外から200万人を超える多くの観光客が訪れ、「青森ねぶた祭」「秋田竿燈まつり」などとともに東北夏祭りのひとつとして知られている。

道行く人の手に届く所まで垂れ下がる七夕飾りは、その豪華さや美しさを競い、市民や各商店街が毎年新たに制作している。どれも色彩豊かで、さらさらと音を立てながら風に揺れる光景が涼を感じさせる。

仙台七夕と言えば、折鶴（おりづる）や巾着などの「七つ飾り」と呼ばれる飾りが特徴で、それぞれに家内安全や商売繁盛などといった願いが込められている。七つ飾りがどこに飾られているか、探しながら商店街を歩くのも祭りの楽しみ方のひとつだ。

祭りのもう一つの見どころが前夜祭の「仙台七夕花火祭」。仙台の街並みを明るく照らす花火が、祭りの幕開けを告げる。夏の夜空に輝く大輪の花が広がるごとに笑顔があふれる。

会場／市内中心部商店街および周辺地域商店街
問／仙台七夕まつり協賛会　tel.022-265-8185
写真提供／仙台七夕まつり協賛会

仙台の街なかを彩る七夕飾り

PICK UP 仙台七夕まつりの「七つ飾り」

仙台七夕まつりに欠かせないのが七つ飾りと呼ばれる小物。どこに飾られているか探してみよう。

★短冊…学問や書道の上達
★紙衣…無病息災、裁縫の上達
★折鶴…家内安全と健康長寿
★巾着…商売繁盛
★投網…豊漁、豊作
★屑篭（くずかご）…清潔と倹約
★吹き流し…機織りや技芸の上達

迫力の仙台七夕花火祭

秋 定禅寺ストリートジャズフェスティバル

9月10・11日

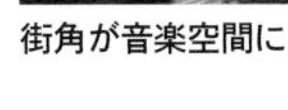
街角が音楽空間に

多彩なジャンルが楽しめる

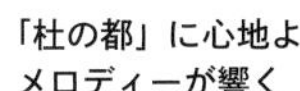
「杜の都」に心地よいメロディーが響く

「音楽は野外でやるもの」という考えの下、1991年に9カ所の屋外ステージで開かれたのが始まり。今では700以上のバンドが参加するビッグフェスティバルに成長した。

ステージは定禅寺通をはじめとした仙台の街角。ビルの入り口や公園、商店街などで、ジャズやロック、ワールドミュージック、ポップス、ゴスペルなどさまざまな音楽が披露される。参加団体はプロアマ問わず、県内外、さらには海外からの参加もあり、多彩な音楽の世界が楽しめるのが魅力だ。

フィナーレでは、参加ミュージシャンによる大セッションが行われ、音楽で会場が一つになる。

2021年は新型コロナウイルス感染症の影響により、ストリートステージを中止し、オンライン企画のみが実施された。

会場／勾当台公園市民広場 他
問／定禅寺ストリートジャズフェスティバル協会
tel.022-722-7382

秋

みちのくYOSAKOIまつり

10月8・9日（予定）

闘志

これからだ!!

明日へ向かって

「東北（みちのく）はひとつ」を合言葉に1998年に始まり、今では仙台の初秋の風物詩に。「鳴子を手に、地元の民謡の一部を織り交ぜた楽曲に合わせて踊る」という基本ルールの下、各団体がオリジナルの舞を披露。趣向を凝らした衣装にも注目だ。

例年、宮城県を中心に全国各地から150を超えるチームが参加。エネルギーあふれる演舞で観客を魅了する。

会場／勾当台公園市民広場 他
問／実行委員会　tel.022-268-2656
写真提供／みちのく YOSAKOI まつり実行委員会

夏

第21回 とっておきの音楽祭2022

6月5日

障害のある人もない人も一緒に音楽を楽しみ、音楽の“チカラ”で「心のバリアフリー」を目指す音楽祭。例年300を超えるグループが商店街や公園、ビル前などで演奏や歌、ダンスを披露する。2001年に仙台で始まり、22年で21回目を迎える。これまで全国20カ所以上で開催されており、この趣旨の音楽祭では全国最大規模となっている。

会場／勾当台公園、元鍛冶丁公園、錦町公園、せんだいメディアテーク
問／NPO法人とっておきの音楽祭
tel.022-342-9978

テーマソング「オハイエ」の大合唱

街がステージ

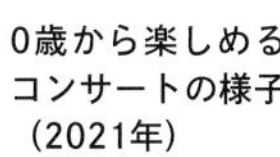

最終公演のステージ（2021年）

0歳から楽しめるコンサートの様子（2021年）

街が音楽で彩られる

秋 9月30日～10月2日 仙台クラシックフェスティバル2022

「せんくら」の愛称で親しまれるクラシック音楽の祭典。国内外で活躍する演奏家や、仙台フィルハーモニー管弦楽団、仙台・宮城出身の演奏家、そして仙台国際音楽コンクール入賞者など豪華アーティストの演奏が楽しめる。1公演45～60分で、どこかで聴いたことのある曲ばかり。料金も低価格なので、クラシック初心者も楽しめる。文化施設の他、街なかには無料ステージが設けられる予定。

会場／日立システムズホール仙台 他
問／せんくら事務局
tel.022-727-1872

冬 12月上旬～ SENDAI光のページェント

定禅寺通がまばゆい光の粒で彩られる冬の風物詩。160本のケヤキ並木に取り付けられた約60万球ものLEDが点灯すると、光のトンネルが出現。道行く人たちを笑顔にする。

イルミネーションを一旦消灯し、再点灯する「スターライト・ウインク」、サンタクロースやトナカイに扮（ふん）した市民によるパレード「サンタの森の物語」などもイベントを盛り上げる。勾当台公園市民広場内の高さ約30㍍のヒマラヤスギに電飾を施した「シンボルツリー」も見ものだ。以上三つは2021年は実施せず、2022年も未定。

開催期間に合わせ、観光シティループバス「るーぷる仙台『光のページェント号』」も例年特別運行されている。

会場／定禅寺通
問／実行委員会 tel.022-261-6515
写真提供／SENDAI光のページェント実行委員会

まばゆい光の粒が心を癒やす

会場／勾当台公園 他
問／実行委員会（青葉区まちづくり推進課内）tel.022-225-7211

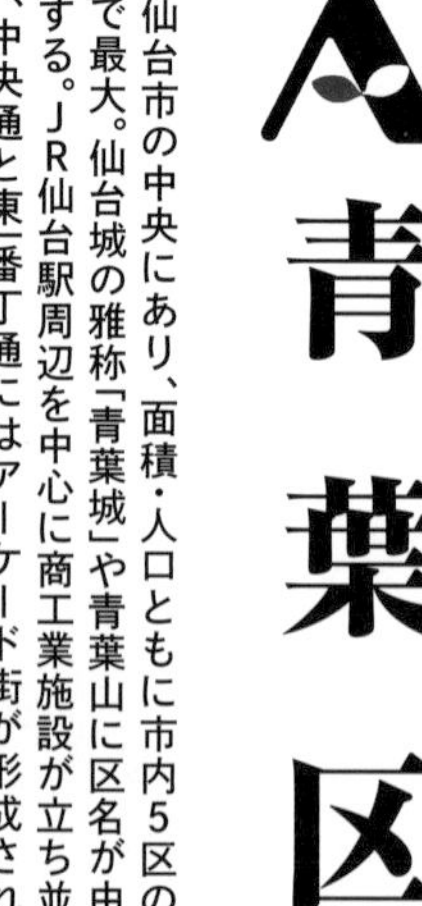

青葉区

仙台市の中央にあり、面積・人口ともに市内5区の中で最大。仙台城の雅称「青葉城」や青葉山に区名が由来する。JR仙台駅周辺を中心に商工業施設が立ち並び、中央通と東一番丁通にはアーケード街が形成されている。

青葉区民まつり

秋 11月3日

❶ステージでのすずめ踊りに盛り上がる　❷にぎわうまつり会場　❸会場で味わえるグルメ（写真は全て2021年の様子）

青葉区民まつり
マスコットキャラクター
あおばくん

毎年11月3日（文化の日）に開催し、勾当台公園市民広場をメイン会場として、仙台グルメの出店や、歌やダンスなどのステージイベントでにぎわう。2021年は中止となったが、まつり再開に向けた新しい生活様式下でのモデルイベント開催を目的とし、代替イベント「あおばまるごと秋まつり」を実施。入場時の来場者登録やさまざまな感染対策を行った。会場内は地域の展示・物販などが並び、おいしいグルメや子ども向けの体験コーナーなどでにぎわいを見せ、ステージではバンド演奏やすずめ踊りなどが披露された。2022年は代替イベントで得られた知見を生かし、開催に向けて準備を進めている。

春

4月（2021年は中止）

東照宮例祭・春祭

東照宮は仙台藩2代藩主伊達忠宗が創建。伊達文化の粋、最高の技を結集した社殿が全国的に知られ、本殿や唐門、透塀、随身門、鳥居が国の重要文化財に指定されている。春祭では東照宮神楽（市登録無形民俗文化財）が奉納され、参道に40ほどの露店が並ぶ。例年、参道の桜並木や本殿前のしだれ桜も見ごろを迎え、桜見物を兼ねた参拝客でにぎわう。

会場／東照宮
問／東照宮社務所 tel.022-234-3247

子どもみこしも繰り出す

すずめ踊りの演舞（2019年）

にぎわうまつり会場（2019年）

秋

10月下旬（予定）

宮城地区まつり

2021年は中止となったが22年は状況をみながら実施の予定。華やかなステージ発表のほか、家族や友達と楽しめる体験コーナーも充実。さらに、地元の味覚が勢ぞろいする出店は毎年好評だ。

会場／宮城総合支所前広場、広瀬文化センター 他
問／実行委員会（宮城総合支所まちづくり推進課） tel.022-392-2111

春

4月8〜10日

カタクリお花見ウォークガイド

散策路に咲くかれんなカタクリの花

地下鉄東西線青葉山駅から徒歩15分、豊かな自然を満喫できる里山「青葉の森緑地」で実施。カタクリの花が咲き誇る散策路をレンジャーがガイドする。春の暖かな日差しの中、野鳥のさえずりを耳にしながら、カタクリの花を観賞できる。2022年はプラバン作りなどのクラフトコーナーも予定している。変化に富んだ約10kmの散策路で、気軽な散歩から山登り気分まで楽しもう。

会場／青葉の森緑地
問／青葉の森緑地管理センター tel.022-263-2101

情感ある語りで物語に引き込む

地底の森ミュージアムで上演の様子

春夏秋冬

通年

「仙台の昔を伝える紙芝居」上演会

実行委員会が制作した手書きの紙芝居36作品を、地底の森ミュージアムなどさまざまな場所で上演。木製の舞台を使用し、拍子木や太鼓の音も響かせる昔ながらのスタイルで、演じる方のユーモアを交えながら次世代に伝えたい人物や歴史・民話などを題材に仙台の昔を伝える。実行委員会は、仙台開府400年を迎えた2002年に設立され、新しい紙芝居も作りながら活動を続けている。作品の無料貸し出しや販売も行っている。

会場／地底の森ミュージアム 他
問／実行委員会（青葉区まちづくり推進課内） tel.022-225-7211

宮城野区

区域は、新都心として開発が進む仙台駅東地区から、東北の国際物流拠点の仙台塩釜港にかけて広がる。古来歌枕として詠まれる「宮城野」が区名の由来だ。2013年に日本一に輝いた「東北楽天ゴールデンイーグルス」の本拠地がある。

原町春まつりパレード

春　未定

会場／原町本通り　問／実行委員会　tel.022-291-7766
※春の開催が難しい場合は、夏や秋に延期して実施する予定

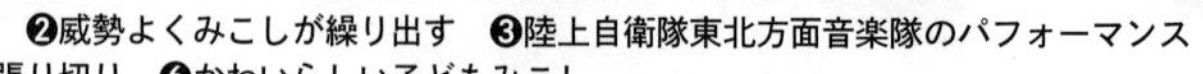
❶満開の桜をバックにすずめ踊りを演舞　❷威勢よくみこしが繰り出す　❸陸上自衛隊東北方面音楽隊のパフォーマンス
❹力強い和太鼓演奏　❺子どもたちも大張り切り　❻かわいらしい子どもみこし

原町地区の春の風物詩。総勢約1000人が、原町本通りの約1キロをパレードする。

スタートは午後1時。地元中学校のブラスバンドを先頭に、11ある子ども会のみこしとそれを引く子どもたちが、元気な声を響かせながら練り歩く。続くのは、区内の商工会や商店会などのメンバーによる大人みこし。各団体オリジナルの法被をまとった担ぎ手が、伝統みこしを担いで進む。個人の参加も呼び掛けているので、興味のある人は事前に問い合わせを。

パレードにはすずめ踊りグループも参加。色とりどりの扇子を揺らしながら軽やかに舞う。特別ゲストの陸上自衛隊東北方面音楽隊も、見事なパフォーマンスを披露する。このほか、本通り沿いスーパーの駐車場では迫力満点の和太鼓演奏が繰り広げられる。

地区の観音様や神社の神様を祭る祭事としてスタート。「子どもたちの思い出づくり」につなげようと地区内の子ども会にも呼び掛けたことから、子どもみこしが参加するように。地区住民総出で盛り上げる。

夏　7月下旬〜8月下旬（予定）

夏まつり 仙台すずめ踊り

祭連が次々と登場

仙台の郷土芸能・すずめ踊りの発祥400年を記念し、2003年に西公園で開かれた「発祥四百年記念仙台すずめ踊り 夏の大会」がルーツ。翌年、会場を移し、現イベント名に改めた。見どころは、約200㍍の宮城野通・特設会場をいっぱいに使った「大流し」。約60団体の祭連（まづら）が次々とやって来て、扇子をひるがえしながら跳ね踊る。フィナーレには各祭連の踊り手や観客が入り乱れての総踊りが行われる。

会場／仙台駅東口・宮城野通
問／実行委員会
tel.022-267-1040

元気いっぱい跳ね踊る

約200㍍の宮城野通を進む「大流し」

春　4月上旬〜下旬

桜まつり

市内屈指のサクラの名所、榴岡公園が会場。約350本のソメイヨシノやシダレザクラなどが咲き広がり、花見客の目を楽しませる。期間中は露店が並ぶほか、「お花見すずめ」と銘打ったすずめ踊りの演舞もある。開花に合わせて、日没から午後9時ごろまでちょうちんが点灯する。

会場／榴岡公園
問／榴岡公園お花見協賛会
http://www.ohanami-sendai.net/

青空の下に続く桜並木

幻想的な夜桜ライトアップ

榴岡公園の美しいシダレザクラ

若林区

伊達政宗が晩年を過ごすために現在の古城地区に造営したとされる「若林城」が区名の由来。城下町の面影が、南鍛冶町といった由緒ある町名に見て取れる。北部には、中央卸売市場を核に一大流通拠点を形成している卸町地区がある。

卸町ふれあい市

春 4月16・17日、秋 10月16・17日

会場／仙台卸商センター産業見本市会館「サンフェスタ」他
催／仙台卸商センター　tel.022-235-2161

❶毎回大勢の買い物客でにぎわう　❷卸問屋ならではの価格が好評
❸ずらりと並ぶ品物から選ぶ楽しさ　❹子どもに大人気のキッズパーク

「日本最大級の問屋街」卸町で開かれるイベント。サンフェスタを中心に、期間中は各問屋店舗も一般開放され、まち全体がイベント会場に。日用品や衣料品、生鮮食料品といった多彩な品が、卸問屋ならではの特別価格で販売される。

買い物だけでなく、ふれあい子供広場などのイベントも多彩に楽しめる。会場には無料駐車場もあるが、地下鉄東西線・卸町駅からのアクセスが便利。

卸町ふれあい市のそもそもの始まりは、1971年に従業員の福利厚生や在庫整理を目的に開かれた「出庫（デコ）市」。89年からは一般消費者まで対象を広げ、今では人気イベントとして市民に定着している。

若林区民ふるさとまつり

秋

10月16日（予定）

若林区民の力が結集される秋祭り。区内で活動する団体や学生が歌やダンス、演劇などを披露し会場を盛り上げる。警察や消防などの車両がずらりと並ぶ「はたらく車大集合！」や「ザリガニ釣り＆ザッコすくい」など子どもたちも楽しめる企画が盛りだくさん。地元のおいしい食品を扱うテントも多数出店し、若林区ならではの魅力を味わうことができる。

会場／若林区役所特設会場
問／実行委員会（若林区まちづくり推進課）
tel.022-282-1111

自衛隊ヘリコプターの展示

子どもたちに大人気のザリガニ釣り

イルミネーション

春夏

3月、8月（予定）

梅のライトアップ

ヒマワリをライトアップ

2017年に始まったイルミネーションは春季と夏季に開催。10数万個のLED電球を使い、春は「梅」、夏には「ヒマワリ」をテーマとし幻想的な世界を演出する（入場有料）。

会場・問／せんだい農業園芸センター
みどりの杜
tel.022-288-0811

お薬師さんの手づくり市

春夏秋冬

毎月8日

「手づくりのもので誰かとつながる」をキーワードに、陸奥国分寺薬師堂で「ご縁日」に当たる毎月8日に開かれている。新型コロナウイルスにより中止が続いていたが、2021年10月よりブースを減らして再開。以前同様パンや雑貨など、作り手の思いがこもった「手作り品」が販売される。

会場／陸奥国分寺薬師堂
問／実行委員会
E-mail
oyakushisan@gmail.com

1年8カ月ぶりの再開（2021年）

規模を縮小して開催（2021年）

バラ祭り

春夏秋

5月下旬～6月上旬、10月

色とりどりのバラを楽しめる

大輪の花にうっとり

センター内のバラ園の見頃に合わせ、春と秋に開催される。色も形もさまざまな国内外のバラ約200種1200株が咲き誇り、バラの甘い香りが園内に漂う。期間中はワークショップや販売など関連イベントが企画される。

会場・問／せんだい農業園芸センター
みどりの杜
tel.022-288-0811
開園／9:00～17:00（11～2月は～16:00）
休／月曜日（祝日の場合は翌平日）

会場／秋保・里センター
問／実行委員会　tel.022-398-2251

太白区

地域のシンボル「太白山」が区名の由来。埋蔵文化財が多いエリアで、富沢遺跡や郡山遺跡などがある。西部には奥州三名湯の一つ秋保温泉があり、温泉客や観光客でにぎわう。プロバスケットボールチーム「仙台89ERS」の本拠地がある。

夏　8月中旬（予定）

秋保温泉夏まつり

❶祭りを盛り上げる「ほうねん座」の演奏　❷やぐらを囲んでの盆踊り　❸参加型の「せんこう花火大会」　❹夏の夜を楽しめる

仙台の奥座敷・秋保温泉は、伊達家の入湯場として守られてきた名湯。長野県の別所温泉、野沢温泉と並ぶ「日本三御湯」の一つに数えられる。この温泉地で開かれる「秋保温泉夏まつり」は、秋保地域の夏を代表するイベントだ。

オープニングとエンディングを盛り上げるのは、秋保を拠点に活動する民族歌舞団「ほうねん座」の舞台。迫力満点の太鼓演奏や獅子舞を披露する。

誰でも気軽に参加できるのが盆踊り大会。温泉街の活性化を目的に作られた秋保音頭が流れ、昔懐かしい雰囲気が漂う。このほか、趣向を凝らしたステージイベントやかき氷の早食い大会、抽選会などがある。花火大会も見逃せない。

会場には、地域の各ホテル、旅館、団体による焼きそばやたこ焼き、焼き鳥、射的などの出店が並ぶ。抽選会に参加できる抽選券が1枚付いた買い物チケットも販売される。

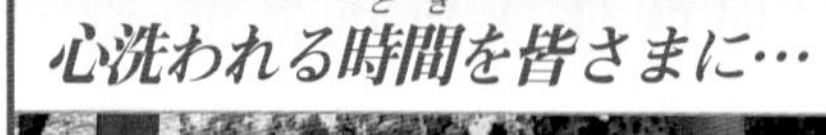

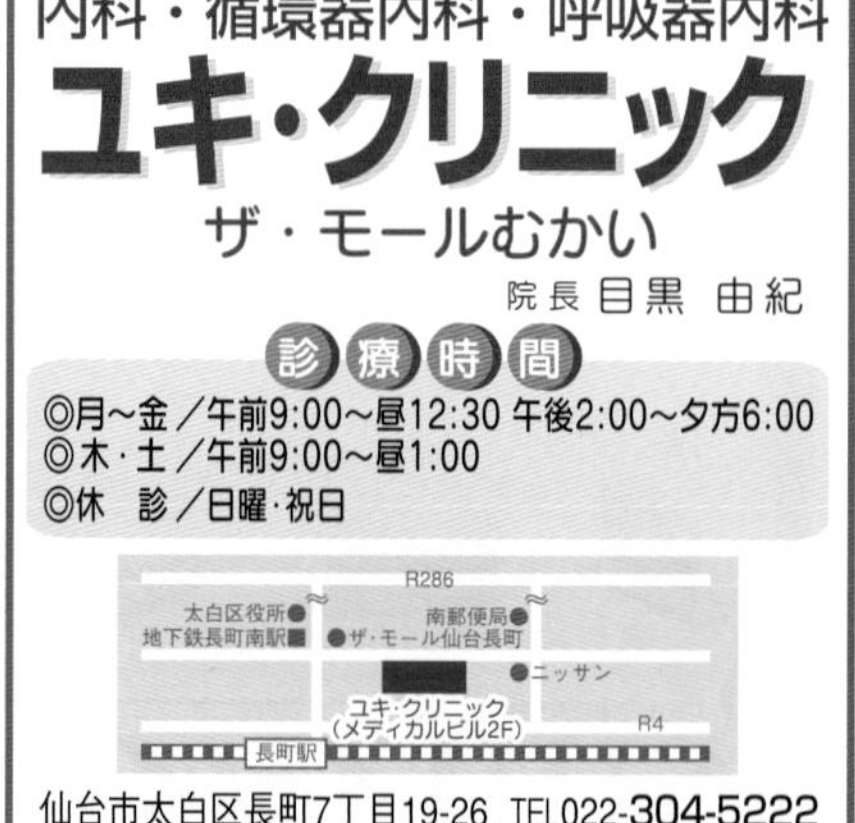

夏 6月11・12日

仙台秋保そばフェス2022

そば打ち名人が自慢の腕を競う

地場産品の販売もある

宮城のそば処・秋保産そばの魅力と打ちたてそばが堪能できるイベント。「全麺協そば打ち段位認定会」「全日本そば打ち名人大会東北予選」も開かれ、それぞれ自慢の腕を競う。手打ちのそばを食べることができる他、地場産品やそば道具の販売・展示などもある。

会場／秋保市民センター
問／秋保総合支所総務課
tel.022-399-2111

夏 6月25日（予定）

蛍と平家琵琶の夕べ

幻想的な音色が境内に響く

「坪沼祭りばやし」の演奏

ホタルの里・坪沼地区の恒例イベント。前田流平家琵琶の奏者が、神楽殿特設舞台で平曲を演奏。幻想的な音色は深く心に染み入る。希望者には、神社周辺に生息するホタルの観察会も行う。参加無料。この他、郷土芸能「坪沼祭りばやし」の演奏や地元野菜の産直販売もある。平曲は室町時代に全盛期を迎え、現在は仙台と東京にわずかに残る奏者が伝承に努めている。

会場／坪沼八幡神社境内
問／仙台市生出市民センター tel.022-281-2040

秋 10月（予定）

太白区民まつり

地域で活動する各団体が、音楽など多彩なジャンルのパフォーマンスをステージで発表する。会場には、各種PRコーナーや飲食を楽しめるエリアもある。子どもたちが楽しめる趣向を凝らした催しも家族連れに人気だ。新型コロナウイルス感染症対策を講じた上での開催とする。

会場／杜の広場公園およびその周辺
問／太白区まちづくり推進課
tel.022-247-1111

ステージでの演技

ミニ機関車の運行

秋 10月下旬

まつりだ秋保

秋保の味覚や自然、伝統芸能を発信する催し。地元の秋野菜や特産品の販売をはじめ、打ちたてのそばが味わえるコーナー、抽選会、餅まき、はしごのりの実演などがある。伝統芸能でユネスコ無形文化遺産に登録されている「秋保の田植踊」のステージでは、笛や太鼓に合わせて子どもたちが田植えの様子を表現する。

会場／秋保総合支所前広場
問／秋保総合支所総務課 tel.022-399-2111

伝統芸能「秋保の田植踊」

はしごのりの実演

会場／七北田公園
問／泉区民ふるさとまつり協賛会　tel.022-372-3545

泉区民ふるさとまつり

夏　8月下旬〜9月上旬

泉区

区のシンボル泉ケ岳や東西に流れる七北田川など自然環境が豊か。泉中央地区には、「ベガルタ仙台」「マイナビ仙台レディース」の本拠地「ユアテックスタジアム仙台」がある。2016年には泉中央駅前に「おへそひろば」が設置され、新たなにぎわいを創出している。

ふるさとまつり
マスコットキャラクター
ナナッキー

❶市民が主役のステージ　❷出店も多数並ぶ　❸幻想的な灯籠の明かり　❹フィナーレを飾る花火大会

泉区の夏の風物詩で、会場の七北田公園は地下鉄南北線泉中央駅から徒歩5分とアクセスも良く、区内外からたくさんの人が訪れる。

さまざまなダンスや演奏、階子（はしご）乗り隊のパフォーマンスなどを披露するステージイベントは見応え十分。会場内では、ポニーひき馬体験やミニSL、灯籠づくり、アユのつかみ取りなど子どもが楽しめるイベントが盛りだくさん。泉警察署や泉消防署の車両展示も人気を集めている。

夕方には、灯籠が七北田公園の泉ケ池に展示され、数十基の温かな明かりが幻想的に暗闇を彩る。

まつりのフィナーレを飾るのは、4500発の花火大会。夏の夜空に色とりどりの大輪の花が咲き広がり、見る人を圧倒する。

泉区民文化祭

秋 11月上旬

歌や舞踊、ダンスなどの舞台のほか、書道、和紙ちぎり絵、大学生の美術作品の展示、来場者が会場のガラスにセロハンを貼って作品を作るガラスアート作成などのワークショップも人気。毎年好評のお茶席では、一席200円で各流派のお点前を楽しめる。泉区の次代の文化の担い手となる大学生も数多く参加し、盛り上がる。

会場／日立システムズホール仙台
（仙台市青年文化センター）
問／泉区文化協会（泉区まちづくり推進課）
tel.022-372-3111

毎年好評のお茶席

華やかなステージイベント

根白石おもしろ市

春夏秋冬 4月～12月

にぎわう会場の様子

地元の農家も出店する

4月から12月の毎月第3土曜に開催される。近隣の農家や商店、作家が手作りの品物を野外で販売するマルシェ。新鮮な野菜やコメをはじめ、手作りの雑貨や菓子、庭掃除に欠かせない竹ぼうき、おしゃれなアクセサリーショップなど、毎月40～50店舗が出店中。季節ごとの場内イベントや毎月の抽選会も開催される。

会場／旧JA仙台根白石支店駐車場
問／泉かむりの里観光協会　tel. 022-379-3221

泉ケ岳悠・遊フェスティバル

秋 9月下旬～10月下旬

多彩なステージイベント

お祭りでおなじみの飲食物も販売

区名の由来にもなっている泉ケ岳を会場に、ふれあいと憩いの場として親しんでもらえるよう開催。歌や踊りなどのステージに加え、各種体験型のイベントなど楽しい催しが盛りだくさん。地元野菜や飲食物の販売もある。当日は無料運行のリフトで兎平まで登れば仙台平野を一望することもできる。

会場／オーエンス泉岳自然ふれあい館、
泉ヶ岳スキー場周辺
問／泉区まちづくり推進協議会
（泉区まちづくり推進課）
tel.022-372-3111

泉マルシェ

秋 9月

泉中央ペデストリアンデッキを会場に、新鮮な食材、加工品、パンや菓子などの食品をはじめ、ガーデニング、雑貨、アンティーク、手作り品など約170ブースが出店。オペラやシャンソンなどの歌や音楽、躍動感あふれるパフォーマンスなどが披露されるアーティストゾーンも見どころ満載。

会場／泉中央駅前広場（泉中央ペデストリアンデッキ）
問／泉マルシェ実行委員会
https://www.izumimarche.com/index.html

約170ブースと圧巻の出店数

ペデストリアンデッキが多くの人でにぎわう

東北一のイチゴ産地 みやぎのイチゴ

宮城県は東北一のイチゴの生産量を誇る。沿岸部の冬場の日照量の多さ、温暖な気候など、イチゴ栽培には理想的な土地だ。しかし東日本大震災の津波で甚大な被害を受け、特に亘理町と山元町は栽培施設の9割以上が被害を受けたが、新たに大規模な「いちご団地」を設置し、震災前の生産量を取り戻しつつある。

震災を機に栽培方法も変化。かつてはビニールハウスでの土耕栽培が主だった。しかし津波で土壌と地下水が塩害を受けたため、大規模団地で最新の高設ベンチ・養液栽培となった。

宮城の主力品種は「もういっこ」「とちおとめ」のほか、この二つの良さを掛け合わせた期待の星「にこにこベリー」。「作り手、売り手、さらには手に取って食する全ての人が笑顔になるイチゴ」の思いを込め、生産現場では今後復興を加速するため、これまで以上にイチゴ狩りや加工品の開発などに、地域を挙げて取り組んでいく。

おいしさ抜群!トリオ

もういっこ

宮城県育成品種で、大粒の果実とさわやかな甘さが特徴。食べ応えがあり、すっきりとした甘さには大粒の果実にもかかわらず、ついつい「もう一個」と手を伸ばしてしまう魅力がある。

とちおとめ

栃木県育成品種で全国的にも知られる代表的なイチゴ。宮城県主力品種の一つでもある。糖度が高く食べやすいことから、幅広い年齢層に受け入れられている。

にこにこベリー

2019年本格デビューの宮城県育成品種。「もういっこ」と「とちおとめ」の交配により誕生した。甘みと酸味のバランスが良く、実の内側も鮮やかな赤でスイーツなどにも向いている。名前には「食べる人も売る人も作る人も、みんな笑顔になるように」との願いが込められている。

問/県園芸推進課 tel.022-211-2843

仙塩・仙北
エリア

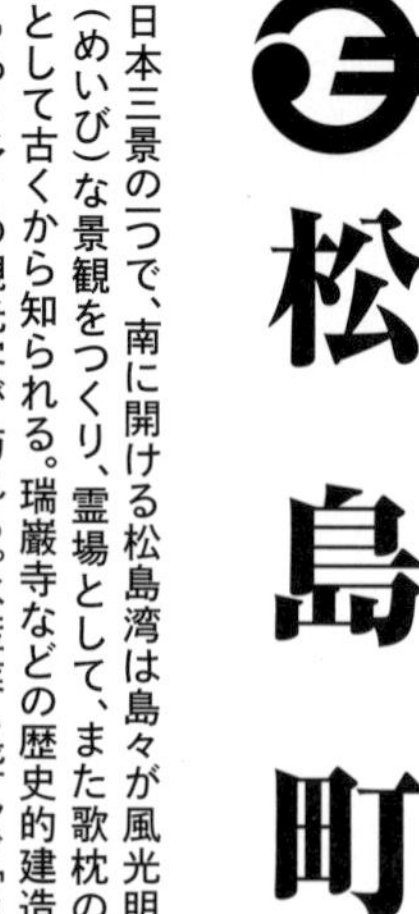

松島町

日本三景の一つで、南に開ける松島湾は島々が風光明媚（めいび）な景観をつくり、霊場として、また歌枕の地として古くから知られる。瑞巌寺などの歴史的建造物もあり多くの観光客が訪れる。水産業も盛んで「カキ」が名産。

松島町産業観光課
tel.022-354-5708

松島町キャラクター
どんぐり松ちゃん

松島紅葉ライトアップ

秋　10月下旬～11月下旬（予定）

会場／円通院、比翼塚・三聖堂、観瀾亭
問／円通院 tel.022-354-3206　松島観光協会 tel.022-354-2618

❶赤や黄に色づいたモミジやカエデが鮮やかに浮かび上がる（左：観瀾亭、右：円通院）
❷良縁を取り持つとされる円通院の縁結び観音
❸円通院で人気の数珠作り体験

円通院をはじめ比翼塚・三聖堂、観瀾亭といった観光名所が舞台で、昼とは違った夜の松島の風情を感じられる。

メイン会場の円通院は、伊達政宗の嫡孫で仙台藩主3代目を嘱望されながら、19歳で早世した光宗の霊廟「三慧殿」とともに開山された。本堂の「大悲亭」は、光宗の死を悼んだ父忠宗が江戸から解体・移築したもの。縁結び観音への良縁祈願や数珠作り体験が、女性を中心に人気を呼んでいる臨済宗妙心寺派の禅寺だ。

円通院では、境内にある枯れ山水庭園のモミジやカエデを鮮やかに照らすほか、石畳を手作りの灯籠で優しく彩ったり、杉林や岩窟を光のインスタレーションで飾ったりと、趣向を凝らした演出で魅了する。期間中は毎日、さまざまなジャンルの生演奏を楽しむことができる。

ハイライトは、院内を一巡した後に現れる「心字の池」のライトアップ。イロハモミジが水鏡となった池に映り込む光景は、この世のものとは思えない美しさだ。週末には近くの広場にキッチンカーが並ぶイベントを開催予定。

夏秋 6~9月

あなご丼キャンペーン

小ぶりながら脂とうま味がぎゅっと詰まった松島湾のアナゴは、松島の隠れた逸品だ。旬の時季の6～9月には、松島町内などの参加店各店で、ふんわりとろける煮アナゴ丼やボリューム満点のアナゴ天丼、香ばしい焼きアナゴといった各店自慢の丼が楽しめる。

会場／松島町内など参加店舗
問／松島観光協会 tel.022-354-2618

お気に入りの味を見つけよう(写真はイメージ)

秋 11月23日

松島大漁かきまつりin磯島

松島のカキは、締まった身にうま味と香りが凝縮されているのが特長。まつりは例年11月23日の「牡蠣（かき）の日」に合わせて開かれ、新鮮なカキの特価販売や、カキ汁、殻付きカキ焼きの提供などが行われる。

会場／松島町磯崎字磯島地内
問／実行委員会
（磯崎地区漁業組合）
tel.022-354-3230

蒸し焼きにされた熱々のカキが振る舞われる

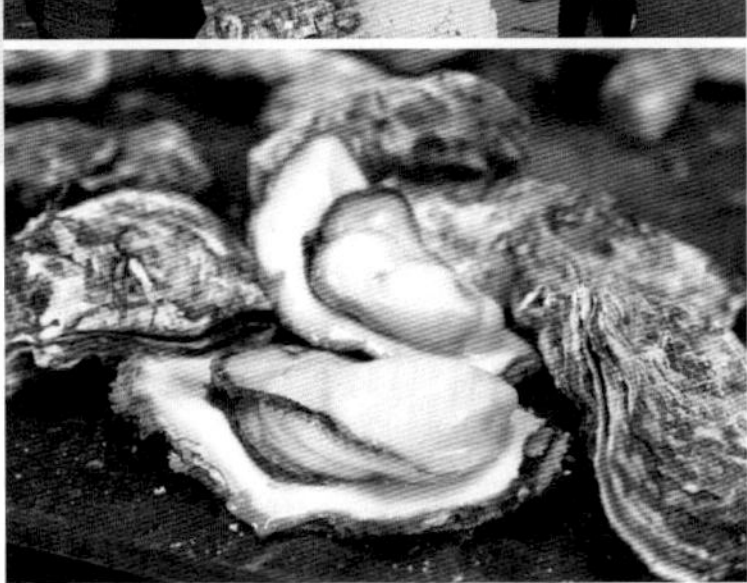
松島産の新鮮なカキは格別

春 5月29日

松島パークフェスティバル2022

松フェス（＝松島パークフェスティバル）は、2015年のマリンピア松島水族館の閉館、仙石線の全線再開という出来事がきっかけで“松島を音楽で元気にしたい”という気持ちで集まった有志が立ち上げた、松島の自然と歴史をステージにした野外音楽祭。19年には出演者160組（ゲストを除く）、来場者は1万人を超えるイベントとなった。生の音楽を聴きながら、松島の街歩きを楽しもう。

松島に歌声が響く

踊りの披露もある

軽快な演奏を繰り広げる

会場／松島海岸を予定
問／松島観光協会 tel.022-354-2618

春 4月中旬～下旬

西行戻しの松公園の桜

高台にある西行戻しの松公園。西行法師が諸国行脚の折、松の下で出会った童子と禅問答をして敗れ、松島行きを諦めたことが由来とされる。園内には約260本の桜があり、例年4月中旬～下旬に見頃を迎える。展望台からは桜越しに松島湾を一望でき、桜のピンクと松や島々の緑、青い海との美しいコントラストが楽しめる。

桜越しに松島湾を一望

会場／西行戻しの松公園
問／松島町産業観光課 tel.022-354-5708

秋 中秋の名月ごろ
月の松島in観瀾亭

松島湾を一望できる観瀾亭は、もともと豊臣秀吉の伏見桃山城の一棟を移築した建物と伝わる。「月見御殿」とも呼ばれ、伊達家代々の藩主がここからの月見を楽しんだ。県の有形文化財にも指定されている。中秋の名月の頃には、松島湾に浮かぶ月を愛（め）でながら、和菓子付きの抹茶が味わえる。

夜の松島の風情を楽しむ

会場／観瀾亭　問／松島町産業観光課 tel.022-354-5708

秋 10月下旬（予定）
まつしま産業まつり

海あり山あり、観光ありの松島町の多彩な魅力が体感できるイベント。同町の農林業、水産、商工、観光業の関係者が一堂に会し、地場産品を直売する。

秋空の下で買い物などを楽しむ来場者

会場／アトレ・るHall駐車場（予定）
問／松島町地産地消実行委員会（松島町産業観光課）
tel.022-354-5707

PICK UP
よみがえった国宝「瑞巌寺」

臨済宗妙心寺派の禅寺・瑞巌寺は、伊達家の菩提（ぼだい）寺として知られる。豪華さの中に落ち着いた風格がある建物は、1609（慶長14）年に伊達政宗が創建した。ヒノキ、スギ、ケヤキの良材を紀州（和歌山県）熊野から取り寄せ、大工も京都・根来の名工約130人を集めるなど、心血を注ぎ5年がかりで造営。桃山時代の建築、美術の精華を凝縮させた。

本堂、庫裡及び廊下は国宝に、御成門、中門、太鼓塀は国の重要文化財に指定されている。約100年ぶりの保存修理事業「平成の大修理」を経て、2018年6月、創建当初の姿が今によみがえった。

夏 8月16日
瑞巌寺大施餓鬼会

瑞巌寺一山の僧侶約50人によるお盆の法要で、約250年の伝統がある。午後7時、住職を先頭に僧侶が寺を出発し、松島海岸中央広場へ。厳粛な雰囲気の中、1時間に及ぶ読経が行われ経木塔婆をたき上げる。瑞巌寺は臨済宗妙心寺派の寺院で、伊達家の菩提（ぼだい）寺として知られる。

霊場・松島ならではの厳かな行事

荘厳な美しさに包まれる本堂の室中（孔雀の間）

会場／松島海岸中央広場　問／瑞巌寺 tel.022-354-2023

みやぎの水産加工

宮城県は世界有数の三陸沖漁場に恵まれ、豊富な海の幸をもとに、古くから水産加工業の一大産地として発展してきた。みやぎの「加工屋さん」は、おいしい製品を皆さんに食べてもらうため、日々伝統の技術に磨きをかけている。みやぎが誇る水産加工品や水産物の魅力をお届けする。

「みやぎ水産の日」とは

県内でとれるおいしい水産物や水産加工品を、多くの人に知ってもらい、県内水産物の消費拡大につなげるため、宮城県が制定した。水曜の「すい」と第3の「さん」で、毎月第3水曜は「みやぎ水産の日」。みやぎの水産物を学ぶ機会や食べるきっかけになる日としてPRしている。

オンラインショップで購入

新型コロナウイルスの影響による外出自粛に伴い、多くの水産加工業者が苦境に立たされている。そこで各企業のオンラインショップの一覧を作成し、みやぎの水産加工品の魅力を紹介している。ご飯のお供やお酒のつまみとして購入し、みやぎの水産加工をともに応援しよう。
https://www.pref.miyagi.jp/site/suisannbutu/suisankoukouhin.html

宮城県水産加工品品評会

本品評会は、近年の水産物需要の多様化に対応した水産加工新製品の開発と製品改良、品質向上を促進し、消費者ニーズを把握して本県水産加工品の消費拡大を図ることで、本県の代表的な地場産業の水産加工業の振興に寄与することを目的に開催している。最も優秀な出品物には「農林水産大臣賞」が授与され、翌年度の国の「農林水産祭」に出品される。

問／県水産業振興課 TEL022-211-2954

塩竈市

鹽竈神社の門前町。同神社の末社・御釜神社の神事を参考にした名物「藻塩」を使ったスイーツが市内各地で販売されている。生マグロの水揚げ高とかまぼこなど練り製品の生産量は日本屈指。すし激戦区としても知られる。

塩竈市観光案内所
tel.022-362-2525

塩竈市キャラクター
桜菓子姫（おかしひめ）・酒えもん

塩竈みなと祭

夏　7月18日（海の日）

会場／鹽竈神社、マリンゲート塩釜など市内各所
問／塩竈市観光物産協会 tel.022-364-1165

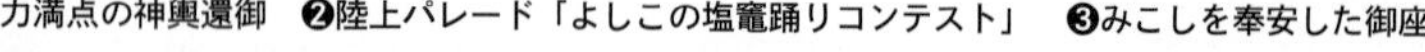

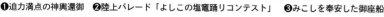

❶迫力満点の神輿還御　❷陸上パレード「よしこの塩竈踊リコンテスト」　❸みこしを奉安した御座船

宮城県の夏祭りの中では最も早い、毎年海の日に開催されている。厳島神社（広島県）の「管絃祭」、貴船神社（神奈川県）の「貴船まつり」とともに「日本三大船祭り」に数えられる。

戦後間もない1948年、塩竈の産業復興と市民の元気回復を願って開かれたのが始まり。以来、ふるさと復興のシンボルとなり、東日本大震災で甚大な被害を受けた2011年も厳しい状況の中で開催され、多くの市民を勇気づけた。14年度には「ふるさとイベント大賞」で最高賞の内閣総理大臣賞を受賞した。

祭りでは、志波彦神社・鹽竈神社のみこしを奉安した2隻の御座船が約100隻もの御供船とともに、日本三景松島湾内を巡行。七ヶ浜町の花渕浜や代ヶ崎浜、松島海岸、浦戸諸島などを巡る。海上渡御から戻った2基のみこしが鹽竈神社表坂202段の石段を上る「神輿還御」も迫力があり、沿道で見守る人たちの感動を呼ぶ。

塩竈市中心市街では、市内の小中学校や各種団体などが参加する「よしこの塩竈踊リコンテスト」を中心とした陸上パレードが行われ、縁日の屋台も並ぶ。

しおがまさま神々の花灯り(あかり)(4月)
しおがまさま神々の月灯り(9月)

春秋　4月・9月

「しおがまさま」と呼ばれ、県内有数のパワースポットである志波彦神社・鹽竈神社。神社境内と表参道が竹ろうそくとLEDキャンドルの幻想的な光に彩られる。舞殿では雅楽や琴も奏でられ、幽玄な世界を体験できる。

また、塩竈市内では酒蔵めぐりも同時開催予定。オリジナルグラスを片手に、市内の酒造店や酒店を巡って自慢の地酒を楽しめる。

幻想的な「月灯り」

夜桜が美しい「花灯り」

会場／鹽竈神社、市内酒蔵・酒店　問／塩釜市青年四団体連絡協議会 tel.022-367-5111

しおがま市民まつり

春　4月24日

当日はさまざまな露店が多数並ぶ

大人気のミニ列車乗車体験

鹽竈神社の「花まつり」に合わせて毎年開催。本塩釜駅前通りを中心に子どもたちが遊べるチビッコ広場や露店も出店する。

会場／JR本塩釜駅前周辺
問／実行委員会（塩釜商工会議所）
tel.022-367-5111

塩竈deひなめぐり

春　2月下旬〜3月上旬

市内商店が連携して各店の個性豊かなひな人形を展示し、塩竈の「まち」と「人」をつなぐ、まち巡りイベント。スイーツなどひなめぐりの限定メニューや限定グッズといった多彩なサービスも提供する。

会場／市内参加店
問／塩竈deひなめぐり実行委員会
（太田與八郎商店）tel.022-362-0035
（熊久商店）tel.022-362-0441

華やかなひな飾りを展示

塩竈の醍醐味

秋冬　2月・10月

タイトル通り塩竈の秋・冬の美味と魅力を堪能できる人気のグルメイベント。職人が見事な手さばきを見せる「マグロの解体実演・即売会」は呼び物の一つ。地域の物産展や「松島湾ミニクルーズ」も行われる。

会場・問／マリンゲート塩釜
tel.022-361-1500

毎回好評の焼きガキ

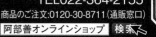

多賀城市

愛称は「史都多賀城」。日本遺産の構成文化財でもある特別史跡「多賀城跡」や日本三古碑「多賀城碑」、歌枕の地「末の松山」など史跡や文化財を有し、東北歴史博物館や2016年3月にオープンした市立図書館など文化施設が充実している。24年には創建1300年という記念すべき年を迎える。

多賀城市商工観光課
tel.022-368-1141(内線471～474)

多賀城市観光協会キャラクター
たがもん

多賀城跡あやめまつり

夏 6月中旬～下旬

会場／多賀城跡あやめ園
問／実行委員会（多賀城市商工観光課）tel.022-368-1141（内線473・474）

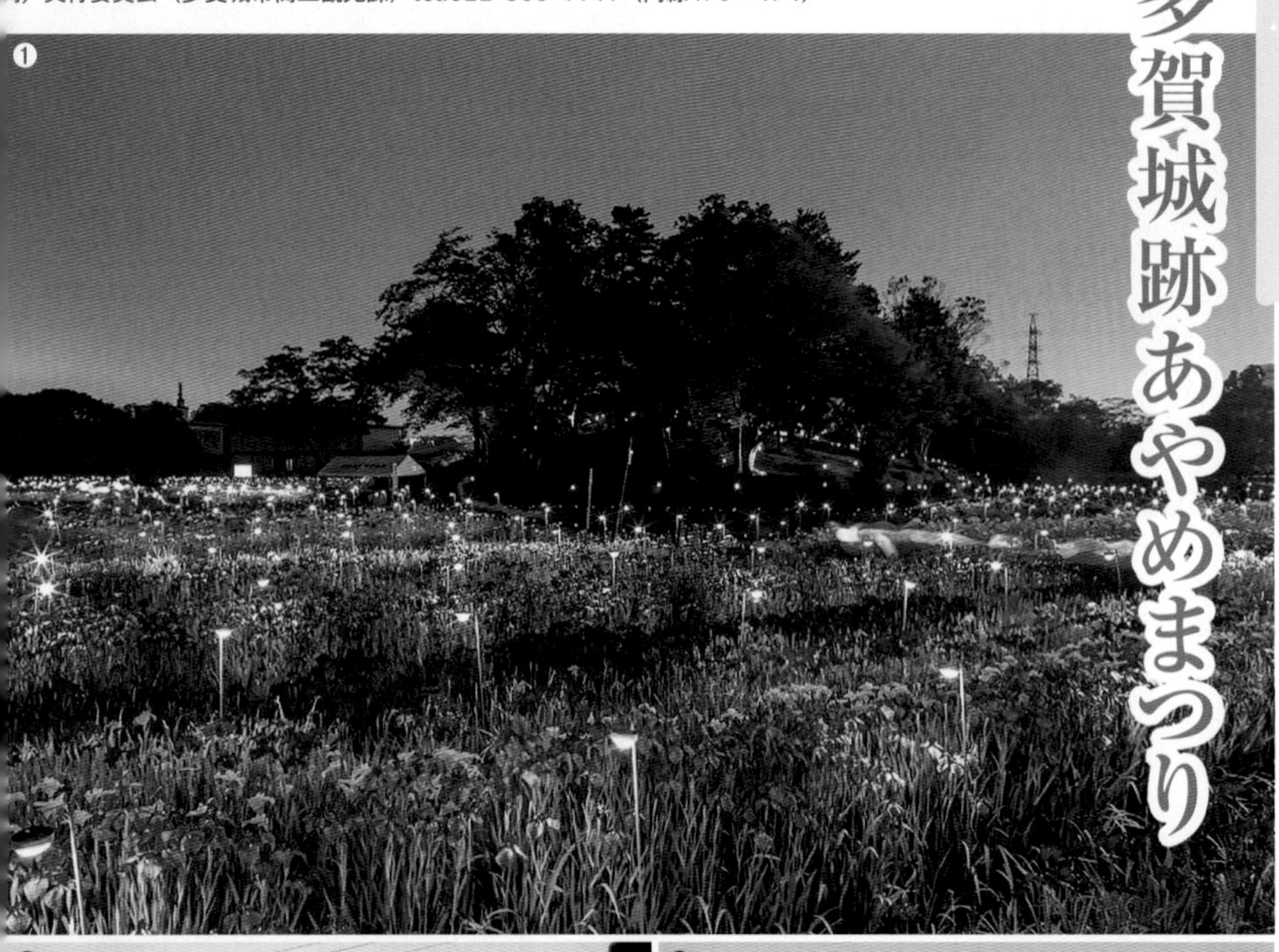

❶淡い光に包まれるあやめ園　❷多彩なジャンルのステージイベント　❸見頃を迎えた色とりどりのアヤメ

特別史跡「多賀城跡附寺跡」の一角にあるあやめ園で行われる人気のイベント。約2万1000平方㍍の敷地に植えられた約800種300万本ほどのアヤメ、ハナショウブが楽しめ、大勢の観光客らでにぎわう。

期間中はボランティアによる史跡ガイドなどが行われるが、例年実施している飲食物や地場野菜を販売する「お祭りバザール」、ステージや万葉衣装の着付け、勾玉（まがたま）づくりの体験企画などのイベントは行われない予定だ。

なお、あやめ園をライトアップするイベントは開催され、幻想的な雰囲気の中で優雅なひと時を過ごせる。

PICK UP

史跡案内

春夏秋冬 通年

特別史跡「多賀城跡附寺跡」や重要文化財「多賀城碑」など、市内の史跡をボランティアガイドが無料で案内し、魅力を分かりやすく解説する。コースは希望や時間の都合に合わせて選べる（要予約）。

会場／市内各所
問／多賀城市観光協会 tel.022-364-5901

冬 悠久の詩都（まち）あかり

11月下旬～1月上旬

JR多賀城駅前に長さ約60㍍の光のトンネルが出現するイルミネーションイベント。市民団体が中心となり、募集で集まったボランティアたちと協力しながら実施される。約4万5000球が織りなす青い光が冬の夜空を彩る。期間中は不定期で屋台が出店することもある。

会場／JR多賀城駅前公園
問／T・A・P多賀城（郷古）
tel.090-8786-4116

光の粒が冬の夜を彩る

秋 史都多賀城万葉まつり

10月中旬

市民らによる「万葉行列」

万葉の時代にタイムスリップ

多賀城ゆかりの「万葉集」の編者、大伴家持をしのぶ市民手づくりのまつり。古代をイメージした衣装を身に着け、貴族や歌人に扮（ふん）した市民らが約1㌔を練り歩く「万葉行列」は時代絵巻さながら。ステージでは、雅楽に使われる笙（しょう）の演奏や万葉踊などが行われる。

会場／JR多賀城駅前公園 他
問／実行委員会（多賀城市生涯学習課）
tel.022-368-1141（内線541）

夏 ザ・祭りin多賀城

8月

盆踊りや縁日、ステージコンサート、YOSAKOI、花火大会など多彩な催しが行われ、大勢の家族連れらでにぎわう。「ふるさと創生」を推進していきたいという発想から生まれ、今では多賀城の夏の風物詩として定着した。

会場／陸上自衛隊多賀城駐屯地
問／多賀城市民夏祭り実行委員会
（多賀城・七ヶ浜商工会）
tel.022-365-7830

盆踊りは飛び入り参加大歓迎

夏 多賀城ビアサミット

7月中旬

夏空の下、大勢の来場者でにぎわう会場

JR多賀城駅前に設置される長さ約40㍍の超ロングテントで、ビールを飲みながら和気あいあいと楽しめる多賀城の夏の祭典。数種類のビールの飲み比べなど楽しみ方は十人十色。大人だけでなく子どもが楽しめるイベントも数多く、誰もが楽しめるイベントとなっている。

会場／JR多賀城駅前公園
問／T・A・P多賀城（郷古）
tel.090-8786-4116

菖蒲田海水浴場　　問／一般社団法人七ヶ浜町観光協会 tel.022-766-8205
ながすか多目的広場 問／七ヶ浜町建設課 tel.022-357-7441

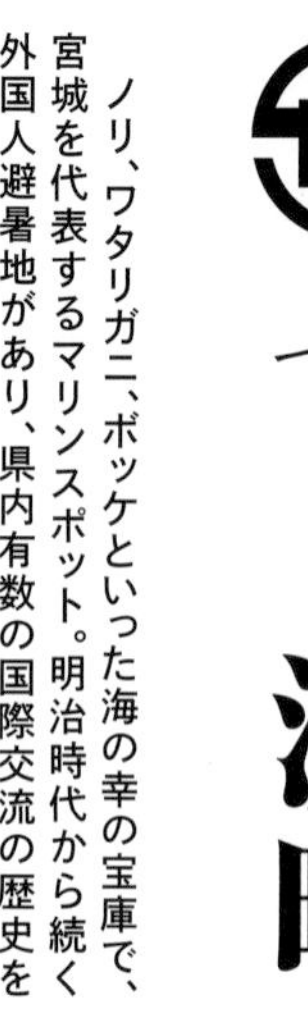

七ヶ浜町

ノリ、ワタリガニ、ボッケといった海の幸の宝庫で、宮城を代表するマリンスポット。明治時代から続く外国人避暑地があり、県内有数の国際交流の歴史を誇る。

七ヶ浜町産業課水産商工係
tel.022-357-7443

観光キャラクター
ぼっけのボーちゃん

菖蒲田海水浴場オープン

夏　7月中旬～8月中旬（予定）

1888（明治21）年に東北で初めて、全国で3番目に開設された歴史のある海水浴場。仙台市内から近く、毎年大勢の海水浴客でにぎわう。海岸から松島湾の島々を見渡せるパラグライダーの遊覧飛行も体験できる。

また、海水浴場の背後地に「ながすか多目的広場」がオープン。ちびっこ広場や芝生広場、ハナモモ広場、遊歩道があり、幅広い世代で楽しめる。

❶県内外から海水浴客が来場し、にぎわう海水浴場
❷家族連れに人気の「ながすか多目的広場」

大木囲貝塚桜紀行

春　4月1～24日

「大木囲貝塚遺跡公園」は、山桜を中心に江戸彼岸や霞桜など野生種の桜が200本以上植えられている桜の名所。

イベント期間中は、桜を紹介する見学会やワークショップなどの開催を予定している。

貝塚の奥にある江戸彼岸の一本桜「だいぎ桜」は必見

会場／大木囲貝塚遺跡公園、七ヶ浜町歴史資料館
問／七ヶ浜町歴史資料館 tel.022-365-5567

七ヶ浜国際村 インターナショナルサマー

夏　8月1～31日

毎年、ゴールデンウイークに開催していた「インターナショナルデイズ」がリニューアル。2022年は姉妹都市のアメリカ・マサチューセッツ州プリマスにスポットを当て開催を予定している。

期間中はプリマスの魅力を紹介する「プリマス展」のほか、8月7日にはアメリカ出身のアーティストによるコンサートも予定している。

国際色豊かなステージ

会場・問／七ヶ浜国際村
tel.022-357-5931

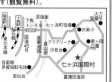

利府町

仙台のベッドタウン。新幹線総合車両センターや県民の森、宮城県総合運動公園（グランディ・21）などの施設があり、松島湾に面する東部には「馬の背」といった景勝地が点在。特産品「利府梨」を使ったワインや菓子なども人気だ。

利府町商工観光課
tel.022-767-2120

利府町公式キャラクター
十符の里の妖精
リーフちゃん

利府梨まつり

秋 10月上旬（予定）

会場／イオン新利府北館（予定）
問／利府町観光協会 tel.022-356-3678

❶新型コロナ感染対策で消毒を呼び掛けるリーフちゃん ❷密にならないよう間隔を空けて並ぶ来場者 ❸ジューシーな利府梨が盛りだくさん ❹観光協会のテントでは地場産品が購入可能

利府の特産品は、明治期からの栽培の歴史を誇る「利府梨」。

2021年は新型コロナウイルス感染拡大防止のため「利府梨販売会」として開催した。22年も町内の生産者が丹精込めて育てた豊潤な梨を販売する予定だ。

ALL RIFU 産業祭

秋 9月18日（予定）

利府町の多様な産業を広くPRするとともに、町の地場産品の販売などを行い、「オール利府町」のイベントとして開催する。フィナーレには、利府太鼓の力強い演奏に乗せた利府祭人踊りや、秋の夜空を彩る花火を打ち上げる予定。

会場／利府町文化交流センター「リフノス」
問／利府町商工観光課 tel.022-767-2120

❶マスコットもそろい踏みの開会式 ❷会場のリフノス ❸にぎやかに利府祭人踊りを楽しむ

宮城県県民の森中央記念館

平成28年3月にリニューアルし、内外装にナラやスギの国産材を使い、木のぬくもりや安らぎを感じることができる施設に生まれ変わりました。展示物も一新し、木の実や枝などを用いたネイチャークラフト（有料）の体験コーナーも設けました。皆さまのご来館をお待ちしています。

施設概要

構　　成／常設展示場、展示ホール、事務室、第1・2会議室
開館時間／9:00～16:30（11～3月は16:00まで）
入 館 料／無料
休 館 日／12月29日～1月3日
所 在 地／利府町神谷沢字菅野沢41 TEL022-255-8801

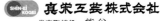

会場／しんまち通り
問／富谷市産業観光課 tel.022-358-0524

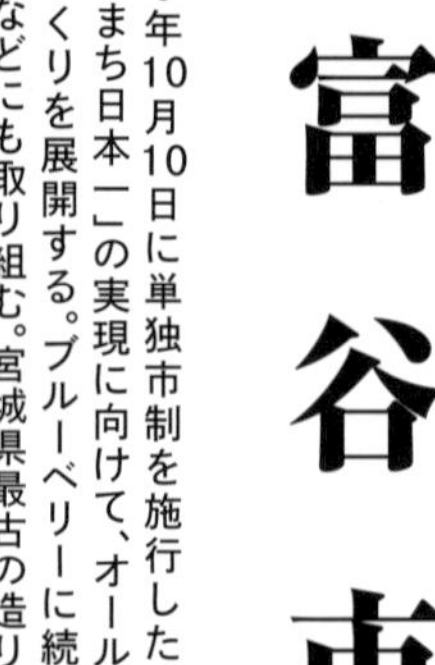

富谷市

2016年10月10日に単独市制を施行した。「住みたくなるまち日本一」の実現に向けて、オール富谷でのまちづくりを展開する。ブルーベリーに続く特産品の開発などにも取り組む。宮城県最古の造り酒蔵「内ヶ崎酒造店」など銘酒の地でもある。

富谷市産業観光課
tel.022-358-0524

秋 10月10日

富谷宿『街道まつり』

❶往時の雰囲気を醸し出す「時代行列」 ❷「富谷宿観光交流ステーション（愛称とみやど）」外観
❸夜はランタンの光で街道が幻想的な雰囲気になる ❹雀踊り

富谷市公式キャラクター
ブルベリッ娘とブルピヨ

江戸時代、奥州街道の宿場町として栄えた「富谷宿」。2020年に開宿から400年を迎えた。

新型コロナウイルスの影響により、開催延期になっていたが、市制施行6周年を迎える2022年10月10日、しんまち通りで「富谷宿『街道まつり』」を開催する。イベントでは開宿時のしんまち通りを再現する予定。宿場町時代にタイムスリップしたような気分を味わいながら、街並みを楽しむことができる（状況によっては内容が変更になる場合がある）。

また、21年5月15日には、しんまち通りで栄えていた旧内ヶ崎醤油屋跡地に「富谷宿観光交流ステーション（愛称とみやど）」がグランドオープン。醤油店に生まれ、日本の近代化に貢献した内ヶ崎作三郎の功績をたどる「内ヶ崎作三郎記念館」をはじめ、飲食店・物販・陶芸教室などがあり、新たな人の行き来となりわいを生む「現代の富谷宿」として、市民が集う場のみならず、新たな「まち開き」を進める拠点となる。各種イベントも開催。

歴史の面影を受け継ぎながらも、未来を目指して発展し続けているしんまち通りに足を運んでみては。

秋 11月26日 とみやマーチングフェスティバル

「音楽のまち とみや」を体現した年に1度の音楽の祭典とみやマーチングフェスティバル。市内小学校金管バンドをはじめ、2021年に開催された第49回マーチングバンド全国大会において金賞を受賞した「とみやマーチングエコーズ」などが参加し、さまざまな思いを込めた演奏・演技が披露される。
※感染症や災害、施設などの状況によっては、開催中止や開催方法の変更もある

会場／富谷スポーツセンター
問／富谷市生涯学習課 tel.022-358-5400

夏 8月中旬 おもしぇがらきてけさin富谷

「おもしぇがら=面白いから」「きてけさin（イン）=来てください」の名称通り、楽しいイベントが盛りだくさん。昼は趣向を凝らした多彩なステージイベントが繰り広げられるほか、特設のいけすで小学生以下対象の魚のつかみ捕りが行われる。夜は盆踊りや花火などで大いに盛り上がる。

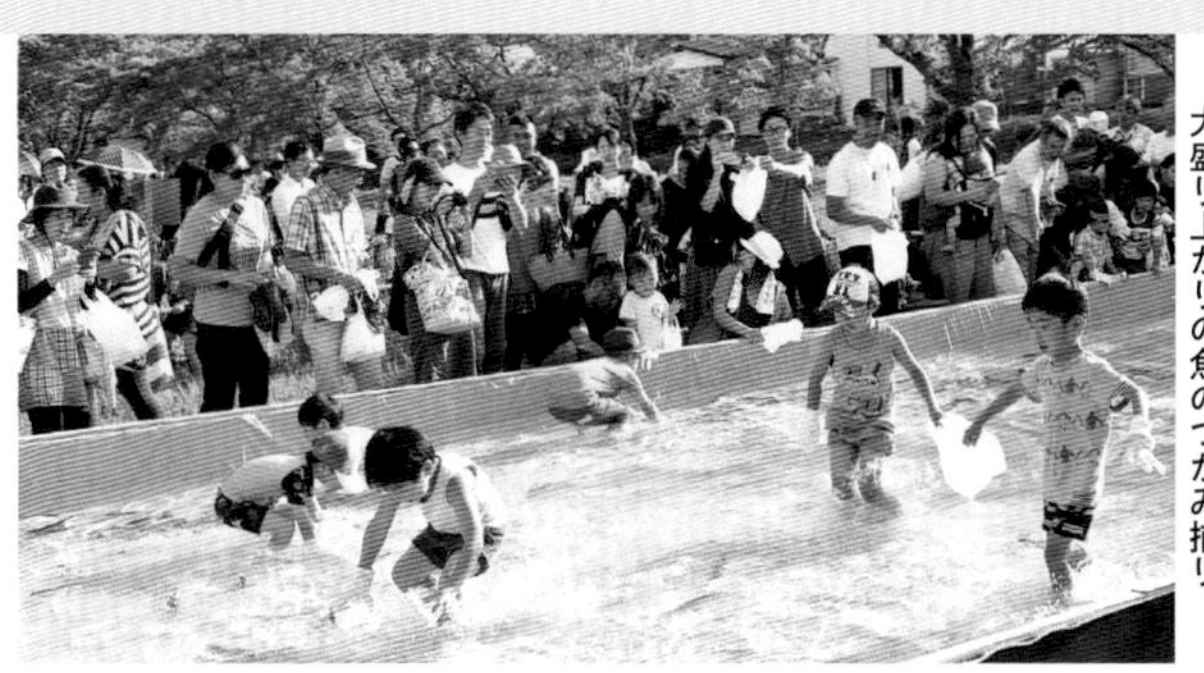
大盛り上がりの魚のつかみ捕り

会場／しんまち公園駐車場
問／くろかわ商工会富谷事務所 tel.022-358-2205

夏 7月上旬～中旬（予定） 秋 9月下旬～10月上旬（予定） とみやスイーツフェア

富谷市には、特産品として知られるブルーベリーをはじめ、シャインマスカット、イチジク、ハチミツといった、スイーツに合う食材がそろう。

それらの食材の旬に合わせ、富谷市では、夏に「とみやブルーベリースイーツフェア」、秋には「秋のとみやスイーツフェア」を開催している。夏は富谷自慢のブルーベリー、秋はそれに加えシャインマスカット、イチジク、ハチミツを使用した、市内参加店オリジナルのスイーツを販売する、「スイーツのまち=とみや」ならではのイベントとなっている。

お店を回りながら、同時開催のスタンプラリーを楽しむことができるのも魅力の一つ。

会場／市内参加協力店
問／富谷市産業観光課 tel.022-358-0524

とみやブルーベリースイーツフェア

秋のとみやスイーツフェア

成田西公園

約17,000平方メートルの広大な敷地に多目的広場とテニスコート、複合遊具やバスケットゴールが整備されており、スポーツを楽しむ人の姿でいつも賑わいを見せています。

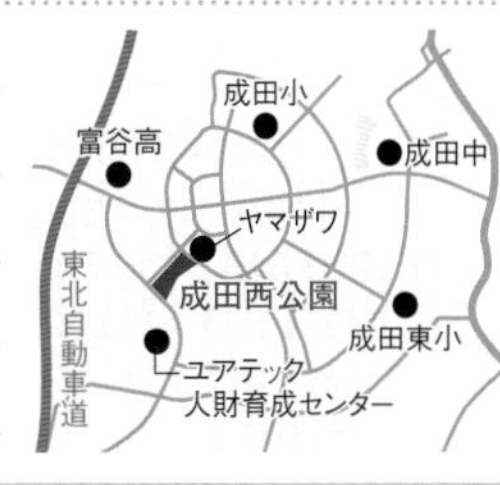

問:市都市計画課 都市計画担当 TEL022-358-0527

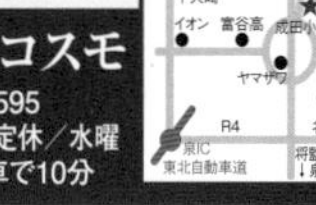

大和町

民謡「お立ち酒」発祥の地。七ツ森や船形山など大自然で育ったマイタケ、「伊達いわな」が名物。「原阿佐緒記念館」「宮床宝蔵」といった歴史スポット、吉岡八幡神社「輪くぐり」、船形山神社「梵天ばやい」といった古式ゆかしい祭りも残る。

大和町商工観光課
tel.022-345-1184

大和町イメージキャラクター
アサヒナサブロー

冬 12月14日 島田飴（あめ）まつり

会場／吉岡八幡神社
問／島田飴まつり伝承会（くろかわ商工会大和事務所） tel.022-345-3106

❶あでやかな花嫁道中行列　❷花嫁の高島田のまげをかたどった「島田飴」

吉岡八幡神社恒例の冬の神事で、毎年12月14日に開催。この日のために作られる縁結び御利益の縁起物「島田飴」を求め、良縁を願う参拝者が全国から訪れる。

まげをかたどった島田飴は、この日しか販売されない限定品で、毎年長蛇の列ができるほど人気。飴を買って参拝すると、翌年には良縁に恵まれるといわれている。

当日は島田飴を奉納する「花嫁道中行列」が町内を練り歩き、その華やかな様子が沿道に詰め掛けた観光客を魅了する。

秋 11月上旬 たいわ産業まつり「囲炉裏（いろり）祭」

特設のいろりで秋の味覚を堪能するグルメイベント。物産コーナーで販売される地元産の新鮮な野菜やキノコなどを「いろりひろば」に持ち寄り、自分で焼いて熱々を味わえる。「大和商工まつり」も同時開催。町内の農業、林業、商業産品などを集め、大和町の産業をPRする。

焼きたてを味わおう

会場／まほろばホール南側広場
問／実行委員会（大和町農林振興課） tel.022-345-1119

夏 8月上旬 まほろば夏まつり

ゲストによる芸能ショーをはじめ、民俗芸能、地元小学校の児童による和太鼓、神楽、踊りの他、文化団体の発表などが繰り広げられる。「ちびっこ遊具・縁日」や木工教室、白バイ・消防車の試乗展示、地域企業紹介や黒川高校の生徒による物づくり体験コーナーも登場。

華やかな舞を披露

縁日は子どもたちに人気

会場／まほろばホール
問／実行委員会（大和町商工観光課） tel.022-345-1184

大郷町

慶長遣欧使節、支倉常長のかくれ里とされ「支倉常長メモリアルパーク」がある。農業体験ができる「緑の郷」や「道の駅おおさと」があり、道の駅向かいの郷郷ランド公園は2022年3月下旬に新遊具がオープン予定。

大郷町農政商工課
tel.022-359-5503

大郷町観光PRキャラクター
常のモロ

秋 10月

おおさと秋まつり

会場／町内特設会場
問／大郷町社会教育課 tel.022-359-2982

町民総参加で盛り上がる一大イベント。町内外から体力自慢が集結し、親子で声を掛け合いながら楽しく走るマラソンの部。町民自慢の工芸作品や写真などが勢ぞろいの生涯学習フェスティバルの部。町内産牛肉販売や大郷B級グルメなど秋の味覚が味わえるおもてなしの部。町内各所で催しが盛りだくさんだ。

例年、「ミニ上棟式」「餅まき」や「サンマのつかみ取り」などを実施し、多くの人でにぎわう。※開催時期や実施内容は変更になる場合がある

❶秋の青空をバックに餅まき　❷町民の生涯学習展示　❸力強くスタートを切るマラソン

秋 11月

道の駅おおさと周年祭

豪華家電などが当たる大抽選会や、旬のサツマイモ・じゃがいもの詰め放題などが大人気。大郷産仙台牛の販売、常のモロのじゃんけん大会、メダカすくいやイワナのつかみ取りのコーナーなど毎年さまざまなブースが設けられ、県内各地から多くの人が訪れる。

常のモロじゃんけん

来場者がいもの詰め放題に挑戦

会場／道の駅おおさと
問／道の駅おおさと tel.022-359-2675

夏 7月上旬

夏の風物詩「ホタル」

大郷町川内地区ではゲンジボタルとヘイケボタル、ヒメボタルの3種が大乱舞。幻想的な光景を見に毎年多くの人が訪れ、大郷町夏の風物詩となっている。

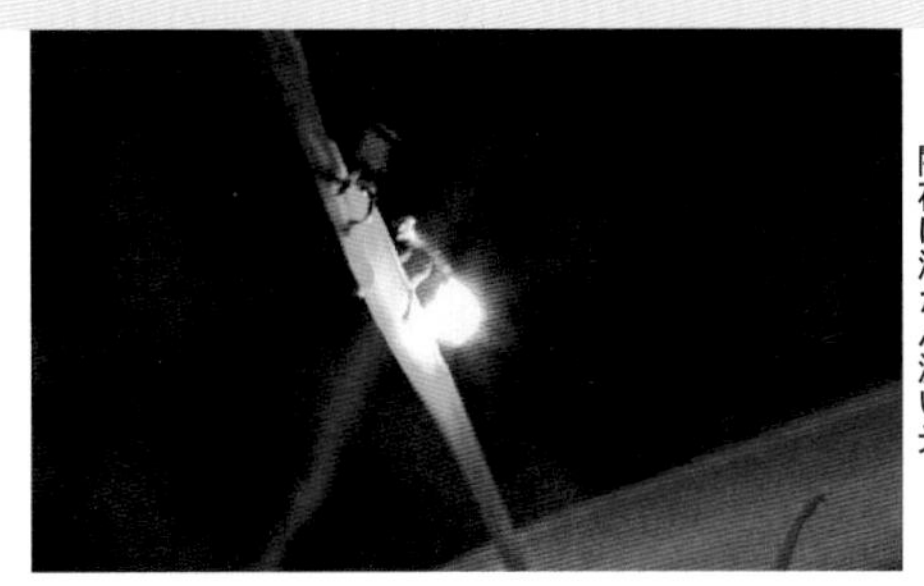

闇夜に浮かぶ淡い光

問／大郷町農政商工課 tel.022-359-5503

大郷町B&G海洋センター

一般利用時間　9:00～12:00・13:00～17:00
団体利用時間　9:00～21:00(要申請)
休館日　毎週月曜日(祝日の場合は翌火曜日)・年末年始

利用方法・料金など詳細に関しては
お気軽にお問い合せください

黒川郡大郷町中村字屋鋪65-2
TEL022-359-2982 FAX022-359-4537

支倉常長メモリアルパーク

鬱蒼とした木々が立ち並ぶ道を進むと、急に整然とデザインされた美しい公園に出会うことができます。

小川が流れ、林立した人工的な柱の最頂部にはシンボリックに光の球が輝きを見せ、訪れた人々を心の安らぎへといざなうようです。なにより、入口に立つ男の銅像が際立っています。この銅像の男こそが歴史上で希代の偉業を果たしながら、時代の流れによって闇に葬られてしまった「支倉常長」その人であり、この公園が支倉常長が永眠する墓へとアクセスする道を中心に公園整備された「支倉常長メモリアルパーク」です。

現在「梅安清公禅定門　支倉氏」こう書かれた墓標に、宮城県内はもとより全国から参拝者が訪れ、闇に葬られた歴史ロマンに夢を馳せておられるようです。

皆さんもぜひ一度支倉常長メモリアルパークへおいでください。

問い合わせ先／大郷町農政商工課商工観光係　tel 022-359-5503

大衡村

宮城県唯一の村で、「万葉の里・おおひら」がキャッチフレーズ。アスレチックやパークゴルフが楽しめる「万葉クリエートパーク」など自然景観を生かしたスポットが人気だ。特産品は村産の酒米を使った地酒「万葉美人」など。

大衡村産業振興課
tel.022-341-8514

大衡村PR大使
ひら麻呂

おおひら万葉まつり

夏 8月20日

会場／万葉クリエートパーク
問／大衡村産業振興課 tel.022-341-8514

恒例の万葉おどりコンテストや万葉衣装撮影会、万葉茶会といった大衡村ならではの企画が楽しめる夏まつり。

ステージでは文化協会の発表やビンゴゲーム大会、お楽しみ抽選会などが行われる。

屋台が多数出店し、スタンプラリーや塗り絵コーナーなど子ども向けの催しも開催。まつりの最後は打ち上げ花火が夜空を彩る。

2022年もステージと会場が一体となった、幅広い年齢層が楽しめる内容となる予定だ。

❶村の伝統芸能「万葉おどり」を披露
❷屋台が並び、たくさんの来場者でにぎわう

山ゆりまつり

夏 7月中旬～下旬

「昭和万葉の森」は万葉植物を中心に自生・植栽した全国有数の森林公園。赤松林の下には大輪のヤマユリが群生し、例年7月上旬から咲き始める。甘い香りに包まれながら初夏の園内を散策でき、多くの見物客でにぎわう。

会場／昭和万葉の森
問／昭和万葉の森管理事務所
tel.022-345-4623

初夏を彩るヤマユリ

おおひらふるさと祭り

秋 10月23日

文化協会の発表や万葉おどり、ビンゴゲーム大会といった多彩なアトラクションが行われる。地元で取れた新鮮な農産物や和牛肉の販売など、大衡村の豊かな自然に育まれた秋の味覚を堪能できるグルメ企画もめじろ押し。「見て」「食べて」「参加して」満喫できる。

会場を埋め尽くす来場者

会場／大衡村役場駐車場 他
問／大衡村産業振興課 tel.022-341-8514

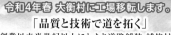

石巻川開き祭り

旧北上川の河口に位置し、港町として発展を遂げた石巻市を代表する毎年恒例の祭り。東日本大震災後は規模を縮小しての開催が続いている。それでも川面を鮮やかに照らす花火の美しさは変わらず、祭りは活気を取り戻している。市中心部で繰り広げられる陸上パレードも、小学生の鼓笛隊やみこしなどが力強く練り歩き、復興へ向けた熱意がみなぎる。

石巻川開祭実行委員会 会長（石巻商工会議所 会頭） **青木 八州**

2022年は2日間での開催を予定しています。昨今の新型コロナウイルス感染症の情勢により厳しい状況ではございますが、開催時には祭典行事やパレードなどの陸上行事、孫兵衛船競漕や花火大会を予定しておりますので、楽しみにしていてください。

祭りの歴史

仙台藩主伊達政宗公の命を受け北上川の改修工事を行い、石巻発展の礎を築いた川村孫兵衛重吉翁への報恩感謝を込めて始められた由緒あるお祭りで、1916（大正5）年から開催され今回で99回目を迎える。

祭りは川村孫兵衛翁報恩供養祭、川施餓鬼供養祭、東日本大震災供養祭を皮切りに陸上での各種パレード、水上では孫兵衛船競漕、夜は花火を打ち上げ、終日にぎわいを見せる一大イベントだ。

人気の花火

多彩なイベント存続

震災以降、開催規模は縮小されているものの、小学生鼓笛隊パレードや大漁踊り、孫兵衛船競漕、花火大会など震災以前の全行事を実施。今後は復興状況に合わせながら規模を調整していく。

孫兵衛船競漕

（例年の日程の記載となります。日程の変更の可能性があります）

［会場］石巻市内各所

【アクセス】JR石巻駅から徒歩約15分
三陸自動車道石巻河南ICから車で約10分
問／石巻川開祭実行委員会 tel.0225-22-0145
http://www.ishinomakikawabiraki.jp/index.html

気仙沼みなとまつり

気仙沼が最も盛り上がるまつり。初日の夜には「はまらいんや踊り」があり、たくさんの踊り手が輪に加わり盛り上がる姿は圧巻だ。2日目には「打ちばやし大競演」や「海上うんづら」などが行われ、約800基の太鼓の音が鳴り響く。海上を「サンマ船集魚灯ライトアップ」が彩る中、大型花火やスターマインなど約2400発が夜空を染め、港町は音と光に包まれる。

祭りの歴史

「気仙沼みなとまつり」誕生の背景には1949年、まだ気仙沼町だった頃に行われた「気仙沼湾振興まつり」がある。

振興まつりでは、この地域の伝統的な一本釣り漁法を紹介する「カツオ一本釣り実況」をはじめ「仮装行列」や賞金付きの「花火師競演」などが繰り広げられた。この時の人出は延べ約10万人といわれ、一大イベントとしてスタートを切ったとされる。

幼稚園児から高齢者まで世代を問わず踊りの輪に加わり盛り上がる

そして翌々年の51年、第1回気仙沼みなとまつりを開催。この地域に伝わるカジキを豪快に銛(もり)で射止める「突きん棒漁実況」のほか、「和船競漕」といった水産都市を支える文化を新たに織り込み、みなとまつりの第一歩を踏み出した。

〔会場〕気仙沼市田中前大通り、港町 他

【アクセス】三陸自動車道気仙沼中央ICから車で約15分
JR気仙沼駅から徒歩約20分

問／気仙沼みなとまつり委員会(気仙沼商工会議所) tel.0226-22-4600
気仙沼観光コンベンション協会 tel.0226-22-4560

沿岸
エリア

石巻市

明治時代から漁業で栄え、近年は「萬画の国」の街づくりを推進。JR石巻駅から「石ノ森萬画館」までの道には石ノ森章太郎が生んだキャラクターのモニュメントが並ぶ。水産業も徐々に回復し水産・観光都市として再び歩み出している。

石巻市観光課 tel.0225-95-1111

石巻市観光PRキャラクター
いしぴょんず
いしぴょん・いしぴぃ

夏 8月上旬 石巻川開き祭り

会場／石巻市内各所
問／実行委員会（石巻商工会議所）tel.0225-22-0145

❶会場が一体となる「大漁踊り」 ❷にぎわう街の様子 ❸熱戦が繰り広げられる「孫兵衛船競漕」
❹県内有数の規模を誇る花火大会

江戸時代に北上川の治水工事を行い、石巻市の発展の礎を築いた川村孫兵衛重吉翁（おきな）の偉業をたたえるとともに、水難事故の犠牲者の供養を目的として開催される。

陸上イベントの主会場は、当日歩行者天国になる立町大通りとアイトピア通り。地元小学生の鼓笛隊パレードをはじめ、中学生の吹奏楽演奏、「縄張神社みこし」の巡行、はねこ踊りの披露などで盛り上がる。

港町ならではの大漁踊りにも注目。地元の団体や企業などが、おそろいの浴衣や法被に身を包んで踊り歩く。個人や飛び入りでの参加も大歓迎。徐々に踊り手が増え、会場は一体感に包まれる。

夜は花火大会。スターマインなど迫力満点の大輪が夜空を彩る。

2014年からは震災後縮小していた、北上川を舞台に行われる「孫兵衛船競漕」が完全復活。12人が1チームとなり、全長10㍍の船をこいで速さを競う。水上で繰り広げられる熱い戦いに注目したい。

夏 8月下旬 トリコローレ音楽祭

多彩な音楽が街に響く

演奏者と聴衆の交流の場をつくり、音楽のパワーで街中を明るく、元気にすることを目的に2004年にスタート。市中心部の広場や街角などで、ロックやジャズ、ポップス、クラシックなど多彩なジャンルの演奏が披露される。

会場／石巻市内各所
問／実行委員会（事務局：街づくりまんぼう）
tel.0225-23-2109

秋 9月中旬 ものうふれあい祭 はねこ踊りフェスティバルin桃生

祭りの目玉は、県指定無形民俗文化財にも登録されている「寺崎のはねこ踊」。桃生地区に古くから伝わる豊年踊りで、祭りのメインイベント「はねこ踊りパレード」には、扇子を手にした大勢の踊り手が参加し、ダイナミックに乱舞する。

会場／桃生植立山公園
問／実行委員会（石巻市桃生総合支所地域振興課）
tel.0225-76-2111

秋 10月第3日曜 いしのまき大漁まつり

水産加工品が勢ぞろい

大盛り上がりの「鮮魚せり」

水産都市・石巻ならではの祭りで、2015年に完成した新魚市場を会場に開かれている。祭りでは豊富な水産加工品が謝恩価格で販売されるほか、市場の買受人気分を味わえる「鮮魚せり」が行われる。鮮魚のすくい捕りやステージイベントもあり、家族連れでにぎわう。

会場／石巻魚市場
問／実行委員会（石巻市水産課）
tel.0225-95-1111

秋 9月上旬 牡鹿鯨まつり

捕鯨の町として知られた旧牡鹿町で、海難事故者の慰霊・鯨霊供養のため1953年に始まった祭り。震災で中断していたが、2013年に規模を縮小し再開した。鯨肉の炭火焼き無料試食会をはじめ、地元中学生の「侍ソーラン」や小学生の「銀鱗（ぎんりん）太鼓」の披露、演歌歌手のショーなどもある。

◀地元中学生による「侍ソーラン」

▼多彩な芸能を披露

会場／石巻市牡鹿地区内
問／実行委員会（石巻観光協会牡鹿事務所） tel.0225-45-3456

会場／JR矢本駅周辺、矢本地区商店街通り
問／東松島市商工会 tel.0225-82-2088

東松島市

松島四大観の一つ「大高森」から眺める松島湾や、遊覧船で巡る「嵯峨渓」の光景など、豊かな自然を楽しめ、漁業体験や縄文体験などもできる。カキやノリの養殖が盛んで、「焼きガキ」や「のりうどん」といったご当地グルメが人気。

東松島市商工観光課
tel.0225-82-1111

夏

東松島夏まつり

8月27日

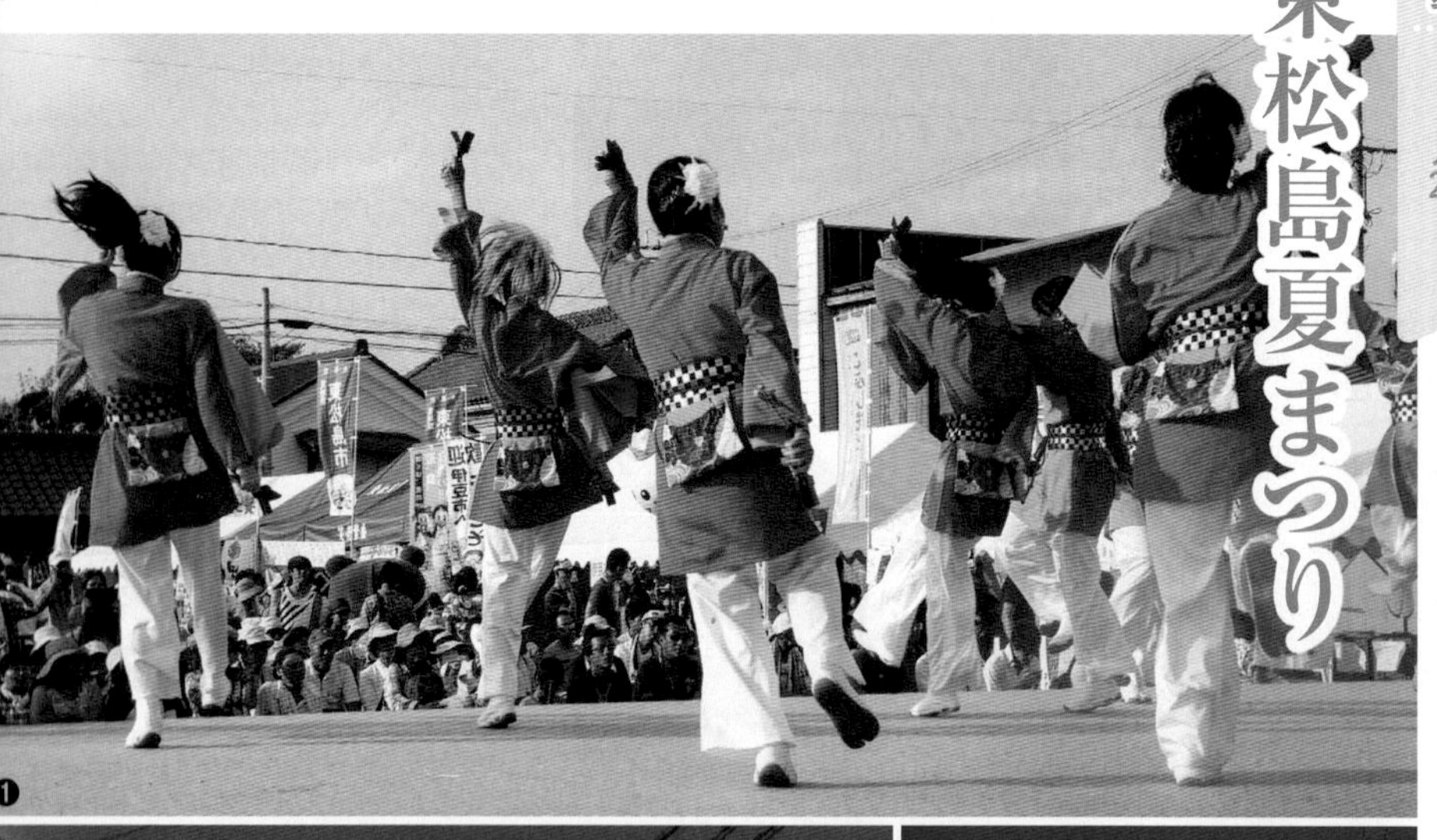

❶躍動的な踊りを披露 ❷八鷹神輿の担ぎ手の勇壮な掛け声が街中に響き渡る
❸ダイナミックなアクロバット飛行を繰り広げるブルーインパルス

東松島市キャラクター
イート&イ～ナ

東松島市民が一丸となってつくり上げる夏祭り。矢本地区の商店街通りが歩行者天国になり、市中心部でさまざまなイベントが繰り広げられる。

航空自衛隊松島基地に所属する「ブルーインパルス」のアクロバット飛行は航空ファンならずとも必見。猛スピードで空を飛び、機体を360度回転させたり、青空をキャンバスにスモークで模様を描いたり、華麗な技を披露する。地上ではブルーインパルスの機体を模したバイクのアクロバットチーム「ブルーインパルスジュニア」による演技走行も行われる。

「八鷹神輿（やつたかみこし）」の巡行は、重さが約800キロもあるみこしを数十人で担ぎ、街を練り歩く。「どっこい！」「そーりゃ！」の掛け声が勇ましい。担ぎ手は高校生以上なら誰でも参加可能。毎年、祭りの開催が近くなると募集が始まる。

この他、鼓笛隊パレードやステージイベント、多数の露店など、子どもも大人も楽しめる催しが盛りだくさんだ。

※内容は変更となる場合がある

秋 10月30日

奥松島縄文村まつり

縄文人の暮らしと知恵を紹介する「奥松島縄文村」の秋祭り。当時の道具を使っての「縄文カキ剥（む）き競争」や「火おこし競争」「縄文ものづくり体験」「縄文鍋の試食」など盛りだくさんだ。貝塚を巡るガイドツアーやギャラリートークもある。石でできたおのを使って丸太を削る「縄文の丸木舟作り」も登場する。当日は入館・体験無料(一部企画を除く）。 ※内容は変更となる場合がある

会場／奥松島縄文村
問／奥松島縄文村歴史資料館 tel.0225-88-3927

イベントを楽しむ来場者

元気に体験する子ども

夏 8月16日

東松島市 鳴瀬流灯花火大会

光の花が川面を彩る

100年以上の伝統を誇る花火大会。地域住民の手づくりで行われ、会場全体に和やかな雰囲気が漂う。約1000発の色とりどりの花火が鳴瀬川上空に打ち上げられ、灯籠が流れる川面を美しく照らす。鳴瀬川左岸鳴瀬大橋上流一帯の河川敷に設けられるステージでは、演芸大会などの楽しい催しを実施。周辺には露店も立ち並ぶ。

会場／鳴瀬川左岸鳴瀬大橋上流一帯の河川敷
問／東松島市商工会
tel.0225-82-2088

2022年は未定

とっておきの音楽祭 in東まつしま

障がいのある人もない人も一緒に音楽を楽しみ、心のバリアフリーを目指す音楽祭。2019年からは、毎月第4土曜日に「音を楽しむカフェ」も開催している。地域で暮らす人々と、障がいのある人や子どもたち、高齢者が「音」を通じて互いに支え合える社会をつくることを目的にスタートした。

定期開催中の「音を楽しむカフェ」

会場／未定
問／とっておきの音楽祭in東まつしま実行委員会事務局（本田） tel.080-1852-2336

満開の桜の上を飛行するブルーインパルス

春 4月中～下旬

滝山の桜

市内随一の桜の名所として知られる滝山公園。園内には約600本の桜が植えられていて、4月中旬からはソメイヨシノ、4月下旬からはヤエザクラが見頃となり、比較的長い期間、花見が楽しめる。

会場／滝山公園
問／東松島市商工観光課 tel.0225-82-1111

仙台湾や石巻方面を見渡せる眺望の良さが自慢の滝山公園

気仙沼市

県北東端に位置し三陸復興国立公園と海域公園、県立自然公園に指定されている。2013年、八戸市から気仙沼市までの三陸沿岸が「三陸ジオパーク」として認定された。「スローフード都市宣言」をし、食を生かした街づくりも推進。

気仙沼市観光課
tel.0226-22-6600

気仙沼市観光キャラクター
海の子 ホヤぼーや

気仙沼みなとまつり

夏 8月

会場／市内各所
問／気仙沼みなとまつり委員会（気仙沼商工会議所） tel.0226-22-4600

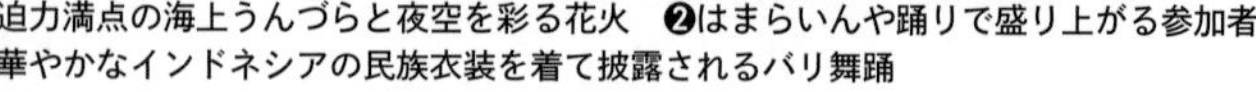
❶迫力満点の海上うんづらと夜空を彩る花火　❷はまらいんや踊りで盛り上がる参加者
❸華やかなインドネシアの民族衣装を着て披露されるバリ舞踊

港町・気仙沼の夏を彩る一大イベント。例年初日の夜には恒例の「はまらいんや踊り」が行われる。幼稚園児から高齢者まで約3200人が参加し、世代を問わず踊りの輪に加わり盛り上がる。2日目は昼に「街頭パレード」と「海上行事」が行われる。夕方からは「打ち囃子（ばやし）大競演」や「海上うんづら」などが行われ、800基の太鼓の音が鳴り響く。「サンマ船集魚灯ライトアップ」とともに大玉花火やスターマインが2400発打ち上がる「海上花火大会」が行われ、港町は太鼓の音と光の協演に包まれる。

気仙沼市産業まつり

秋 10月下旬

市内の農・林・水産事業者が自慢の産品を展示・即売する。各種試食や餅まきのほか、マグロなどの豪華景品が当たる「お買い上げ大抽選会」といったイベントがめじろ押し。2019年はジャンボのり鉄火巻き大会が行われ、人気を集めた。サンマの炭火焼きやすり身汁が味わえる「市場で朝めし。」も同時開催。

会場／気仙沼市魚市場
問／気仙沼市産業戦略課 tel.0226-22-6600

活気あふれる会場

餅まきで大盛況の様子

リアス牡蠣(かき)まつり唐桑

秋 11月中旬

郷土芸能も披露

目玉は殻付きカキの炭火焼き無料試食コーナー。ふっくらとした熱々のカキを、ちゅるんといただこう。カキをはじめとした唐桑の「ごっつぉー（ごちそう）」の販売や郷土芸能の披露のほか、「元祖牡蠣殻積み大会」も盛り上がる。

会場／唐桑小学校
問／気仙沼観光コンベンション協会
唐桑支部
tel.0226-32-3029

モ〜ランドまつり

秋 10月中旬

小高い丘陵地にある52㌶の広大で緑豊かな牧場が会場。のどかな雰囲気の中、肉や野菜のバーベキューを味わえる。バター作りや乳搾りの体験、牛乳早飲み競争、長靴飛ばし大会、乾草転がし大会なども楽しめる。

会場・問／モ〜ランド・本吉
tel.0226-43-2468

青空の下でバーベキューを楽しもう

徳仙丈山(とくせんじょうさん)つつじ観賞

春 5月中旬〜下旬

新緑とのコントラストが美しい

徳仙丈山（標高711㍍）はツツジの群生地として知られ、例年5月中旬には約50万本のヤマツツジやレンゲツツジが見頃を迎える。8合目から山頂までを鮮やかに染め、登山道をのんびり散策しながら観賞できる。気仙沼側と本吉側の登山道入り口には無料駐車場を完備。

会場／徳仙丈山
問／気仙沼観光コンベンション協会
tel.0226-22-4560
本吉総合支所産業課 tel.0226-42-297

会場／女川町海岸広場
問／おながわみなと祭り協賛会（事務局：女川町商工会） tel.0225-53-3310

夏 7月下旬

おながわみなと祭り

震災前の海上獅子舞の様子

色鮮やかな大漁旗が掲げられた船の上で、囃子（はやし）に合わせ獅子が踊る「海上獅子舞」は圧巻の迫力。女川湾を大輪の華が彩る海上花火やステージイベントなども予定されている。東日本大震災および新型コロナウイルス感染症の影響により中止されていたが、2022年、震災後初の開催となる。

女川町

JR女川駅から海へと延びるレンガみち周辺は、新鮮な魚介をはじめ女川グルメを堪能できる飲食店やクラフト工房などさまざまな店舗が並ぶエリアで、2021年、道の駅に登録された。近隣の海岸広場には子どもたちが遊べるマッシュパークやスケートパークがある。

女川町産業振興課
tel.0225-54-3131

女川町
観光キャラクター
シーパルちゃん

冬 12月上旬～1月上旬

スターダスト・ページェント「海ぼたる」

震災前から続くイルミネーションイベントで、女川の冬の風物詩として親しまれている。JR女川駅前の広場が、高さ約7メートルのシンボルツリーを中心に約5万球のLED電球で華やかに飾られ、幻想的な世界が広がる。

幻想的な明かりにうっとり

会場／JR女川駅前広場
問／海ぼたる制作委員会
（女川町役場）
tel.0225-54-3131

秋 10月下旬

おながわ秋の収獲祭（旧秋刀魚（さんま）収獲祭）

自然の恵みに感謝するとともに、サンマをはじめ女川の豊かな海産物を全国へ発信し、魚食普及と消費拡大を図る。秋の味覚を満喫しながら、ステージイベントやキッズコーナーも楽しめる。

旬のおいしさを堪能

会場／JR女川駅前周辺エリア
問／おながわ秋の収獲祭実行委員会
（女川町観光協会）
tel.0225-54-4328

南三陸町

三陸復興国立公園のリアス式海岸が織りなす風光明媚(めいび)な景観が美しい。天然記念物コクガンの越冬地として貴重な海であることが認められ、2018年10月「ラムサール条約湿地」に登録。「南三陸さんさん商店街」などで味わえる、山海の幸を使った「南三陸キラキラ丼」が名物。

南三陸町商工観光課
tel.0226-46-1385

南三陸キラキラ丼
応援キャラクター
イクラン&キラランン

夏 7月中旬 サンオーレそではま海水浴場

所在地／南三陸町志津川字袖浜
問／tel.080-2566-2185（開設期間のみ）

❶青い海と白い砂浜のコントラストが美しい　❷家族連れなど多くの海水浴客でにぎわう

1999年7月に人工海水浴場としてオープンした「サンオーレそではま」。東日本大震災により敷地内の施設および砂浜が全て流出したが、周辺の漁港や道路の整備が進み、2017年7月、7年の歳月を経て再オープンした。

「サンオーレ」という名前は砂浜の全長（300㍍）に由来する。内湾に位置する海水浴場のため波が非常に穏やかで、小さい子どもでも安心して泳げる。また、周辺を囲む山々と志津川湾とのコントラストが美しい海水浴場として、地域住民にとっても長く愛される憩いの場となっている。

海水浴場に隣接する「荒島・楽天パーク」には、子どもに大人気の「オクトパス君」の遊具もある。夏以外の季節でも散策などにお薦めの景色抜群な観光スポットだ。

春 5月中旬 田束山(たつがねさん)つつじ観賞

朱色に染まる山頂

田束山の山頂にたくさんのツツジが咲き、花の朱色と木々の緑色のコントラストが見物客を楽しませる。三陸沿岸を一望できるビュースポットとしても知られる。山頂手前に広々とした駐車場があるほか、山頂付近には約100台の駐車が可能。

会場／田束山　問／南三陸町観光協会 tel.0226-47-2550

通年 神割崎キャンプ場

海を一望できる抜群のロケーション

所在地／南三陸町戸倉字寺浜81-23
問／tel.0226-46-9221

南三陸町屈指の景勝地「神割崎」にほど近いキャンプ場。太平洋に面した高台にあり、水平線からの日の出も見られる。「手ぶらでキャンプ」「手ぶらでBBQ」といったプランがあるほか、2021年には冬キャンプの受け入れも開始。初心者から上級者まで一年を通して海辺のキャンプが楽しめる。

みやぎの捕鯨（鮎川）

国内有数の捕鯨基地だった石巻市鮎川は、IWC（国際捕鯨委員会）の採択を受け1988年に沿岸での商業捕鯨の停止や、2011年の東日本大震災での壊滅的な被害などを乗り越えてきた。日本は19年7月に31年ぶりに商業捕鯨を再開。観光・交流拠点の「ホエールタウンおしか」も誕生し、移りゆく時代の変化に対応しながら、鮎川の捕鯨文化は、また一歩新しい道を踏み出した。

石巻くじら振興協議会 会長　齋藤 富嗣

鮎川における捕鯨業は100年以上の歴史があり、かつては国内最大の捕鯨基地として全国の食卓を支え、現在も石巻地域では鯨食文化が残っています。捕鯨業は他の水産資源量の適正化を図る上でも重要なことから、鯨文化の継承と捕鯨産業の維持を目的に2021年8月11日に本協議会を発足しました。鮎川には鯨文化を学び、鯨料理を味わえる施設がそろっています。ぜひお越しください。

施設の見どころ

ホエールタウンおしか

鮎川の観光・交流拠点として2019年にオープンした「観光物産交流施設Cottu（こっつ）」「牡鹿半島ビジターセンター」、20年にオープンした「おしかホエールランド」の三つの施設が併設されている。Cottuには鯨料理を味わえる飲食店や土産店などがあり、ビジターセンターには牡鹿半島を楽しむための情報が集約。ホエールランドは、捕鯨文化を楽しく学べるミュージアムとしてマッコウクジラやコククジラの骨格標本などが展示されている。

大型展示捕鯨船「第16利丸」

昭和後期に捕鯨産業の第一線で活躍した歴史遺産として保存されていたが、東日本大震災で被災。復旧工事を終え、ホエールタウンおしかの敷地に2021年11月18日から一般公開された。大型捕鯨船が陸上展示されているのは和歌山県太地町と石巻市鮎川の2カ所のみ。乗船できるのは第16利丸のみで、貴重な体験ができる。

ホエールタウンおしか

■観光物産交流施設 Cottu（こっつ）
開／8:30～17:00（年中無休）
TEL0225-24-6644

■牡鹿半島ビジターセンター
開／9:00～16:30
休／水曜・年末年始
入館無料
TEL0225-24-6912

■おしかホエールランド
開／9:00～16:00
休／水曜（水曜が祝日の場合は翌日）
入館料／大人400円、大学・高校生300円、中学・小学生200円
TEL0225-25-6422

所在地】石巻市鮎川浜南43-1
事協力／石巻くじら振興協議会 tel.0225-95-1111（石巻市水産課内）

県北
エリア

会場／岩出山南町商店街通り 他
問／政宗公まつり協賛会（大崎市岩出山総合支所地域振興課）tel.0229-72-1215

大崎市

ラムサール条約湿地「蕪栗沼・周辺水田」「化女沼」など自然豊かな地。ササニシキ、ひとめぼれの発祥地で全国有数の米どころ。2017年、「大崎耕土」の水田農業システムが国連食糧農業機関（FAO）から世界農業遺産に認定された。

大崎市観光交流課
tel.0229-23-7097

秋 政宗公まつり 9月10・11日

❶勇壮な武者行列　❷みこしも繰り出す
❸「ちびっこ政宗」もりりしく

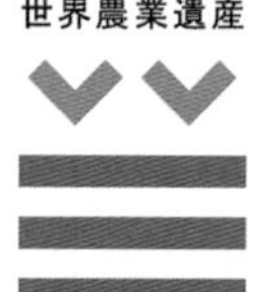

大崎市
公式キャラクター
パタ崎さん

会場となる岩出山地域は、伊達政宗が青年時代を過ごした地。政宗公まつりは、仙台城跡にあった「政宗公平和像」が、岩出山城跡に移されたのをきっかけに行われるようになった。

メインイベントは、時代絵巻さながらの武者行列。毎年1000人以上が参加し、約430年前に政宗が兵を率いて岩出山から上洛したときの様子を再現する。勇壮な騎馬武者隊や甲冑（かっちゅう）武者隊、若武者隊などが街を練り歩き、公募で選ばれた愛姫（めごひめ）や「ちびっこ政宗」も愛らしい姿で見物客を魅了する。地元の小学生による踊りや太鼓の演奏、各団体のすずめ踊りやよさこい踊りといったステージも見逃せない。

本まつりに先駆けて行われる「宵まつり」では、よさこい踊りや岩出山ふるさと音頭を披露する。

全国こけし祭り・鳴子漆器展

秋

9月3・4日（9月2日はこけし供養祭）

「鳴子こけし」「鳴子漆器」など、伝統工芸が根付く鳴子温泉地域で開かれる恒例イベント。全国こけし祭りコンクール入賞作品の展示、東北地方を中心とした各産地のこけしや鳴子漆器の展示販売、工人によるこけしの製作実演のほか、こけしの絵付け体験も楽しめる。9月2日夜には、鳴子温泉神社境内でこけし供養祭が執り行われる。

◀こけしファンでにぎわう会場

美しい光沢を放つ鳴子漆器

会場／鳴子小学校体育館、鳴子温泉街
問／全国こけし祭り・鳴子漆器展実行委員会（大崎市鳴子総合支所地域振興課） tel.0229-82-2026

大崎バルーンフェスティバル

秋

11月下旬

日本気球連盟公認の熱気球の大会で、例年全国から30機余りが参加する。フライトは大気が安定する早朝にスタート。色とりどりの熱気球が朝空を埋め尽くす。実際に気球に乗れる「係留気球体験試乗」は、先着200人に配布される整理券を求め夜明け前から行列ができる。小型飛行機のデモフライトなど関連イベントも開催する。

会場／岩出山江合川河川公園
問／実行委員会（大崎市岩出山総合支所地域振興課）
tel.0229-72-1215

▲カラフルな熱気球が次々と浮上
▶澄んだ朝空に映える

おおさき花火大会・おおさき古川まつり

夏

8月2〜4日

勇壮な太鼓演奏が会場に響く

1947年から続く大崎最大の夏祭り。2日は「おおさき花火大会」で祭り気分を高める。3・4日は歩行者天国となった商店街に吹き流しがなびき、古川おどりや古川まつり太鼓の演奏も披露される。特設ステージでは各種イベントが開催され、大いに盛り上がる。

会場／古川地域中心商店街
問／おおさき花火大会実行委員会
（おおさき青年会議所）
tel.0229-23-3605
大崎市古川地域イベント連絡協議会
（古川商工会議所）
tel.0229-24-0055
※日程変更の場合は主催者WEBサイトで案内

加護坊桜まつり

春

4月上旬〜5月上旬

加護坊山は栗駒、船形、蔵王の山々を一望できるビューポイント。春には約2000本のソメイヨシノや八重桜、ベニヤマザクラが咲きそろう。夜のライトアップも幻想的だ。期間中、会場では「さくらフェア」を開催。地場産食材の販売などを行う。

県内有数の花見スポット

会場／加護坊山自然公園
問／実行委員会
（大崎市田尻総合支所地域振興課）
tel.0229-39-1115

美里町

江合川と鳴瀬川を流れる大崎平野有数の田園地帯で、稲作や果樹栽培が盛ん。5～10月に小牛田駅前公園で開かれる「こごた朝市」も人気だ。新鮮な野菜や海産物を買い求めて、町内外から多くの来場者でにぎわう。

美里町産業振興課
(美里町起業サポートセンターKiribi)
tel.0229-25-3329

秋 9月中 美里町北浦梨フェア

場／県内一円
問／美里町産業振興課 tel.0229-25-3329

❶町で栽培する梨は「北浦梨」の愛称で親しまれている　❷直売所には北浦梨を求める多くの客でにぎわう

町の特産品である北浦梨は、みずみずしく歯触りの良い「幸水」をはじめ、「豊水」「あきづき」「長十郎」など、さまざまな品種が栽培されており、時季を変えてさまざまな旬の味を楽しめる。

特に旬を迎える9月に行うのが「美里町北浦梨フェア」。フェア期間中は県内の飲食店や直売所で北浦梨を使用したメニューや商品が提供されるほか、参加店舗を巡ると抽選で町の特産品が当たるスタンプラリーも同時開催される。参加店舗は町WEBサイトで確認を。また北浦梨の梨狩りも町内の梨農園で体験できる。

美里町公認キャラクター
みさとまちこちゃん

夏 8月上旬 えきフェスMISATO

普段は入れない線路がこの日は一部開放され、さまざまな車両が間近で見られる貴重な機会だ。ミニ列車「レールスター」の試乗会など体験型イベントも。ミニSLの運行やヒーローショーと握手会、高校生のダンスコンテストといったイベントも繰り広げられる。

レールスター試乗会

会場／JR小牛田駅東口ロータリー
問／実行委員会（美里町物産観光協会）tel.0229-33-3789

秋 11月3日 ひとめぼれマラソン

大勢のランナーが参加

田園地帯を駆けるマラソン大会。10キロ、5キロコースをはじめ、親子ペア2キロのコースなどもある。参加者には豚汁と美里町産の新米おにぎりが振る舞われ、豪華景品が当たる抽選会も開催。特産品販売もあり、マラソンのほかにも楽しめる。

会場／美里町トレーニングセンター周辺特設コース
問／実行委員会（美里町体育協会）tel.0229-34-2865

涌谷町

涌谷伊達氏の城下町で桜の名所。町のシンボル箆岳（ののだけ）山からは仙台平野や栗駒山を一望できる。名物はおぼろ豆腐やシイタケなどを用いた郷土料理「おぼろ汁」。小ネギ、ホウレンソウの生産が盛んだ。

涌谷町まちづくり推進課
tel.0229-43-2119

涌谷町観光PRキャラクター
桜部長
城山の金さん

春　東北輓馬競技大会

4月第3日曜
※2022年は中止

会場／城山公園下の江合川河川敷特設コース
問／涌谷町まちづくり推進課 tel.0229-43-211

❶力自慢の馬の迫力に圧倒される　❷ライトアップされた城山公園の桜　※いずれも2022年は中止

宮城をはじめ東北各県、北海道などから力自慢の馬約30頭が出場。階級ごとに異なる重りをそりに載せ、全長120㍍のコースを全力で駆け抜けタイムを競う。

重りは最も重いもので975㌔にもなり、途中にある障害物を乗り越えながらゴールを目指す。人馬一体となった迫力あるレースに、観客から歓声と拍手が湧き起こる。

夏　採燈大護摩供（さいとうおおごまく）

7月9日

箟岳山に鎮座する天台宗の古刹・箟峯（こんぽう）寺に伝わる密教の秘法。行者姿の僧たちが護摩壇に点火し、経を上げながら木札「護摩木」を投げ入れていく。火が弱まると、灰の上を素足で歩く「火渡り」が行われ、参加者が除災、招福、諸願成就を祈願する。

立ち上る火柱を前に経を上げる

会場／石仏広場
問／箟峯寺
tel.0229-45-2251

秋　秋の山唄全国大会

11月12・13日

自慢ののどを競う

秋の山唄はもともと、箟岳山の山の神に五穀豊穣（ほうじょう）を祈り、農作業をしながらうたわれたもの。大会には北は北海道から南は九州まで多くの出場者が集う。優勝者は箟岳山箟峯寺に山唄を奉納する。

会場／涌谷町勤労福祉センター
問／涌谷町まちづくり推進課 tel.0229-43-2119

加美町

国内有数の音響設備とパイプオルガンを備えた「中新田バッハホール」、宮城を代表する陶磁器の歴史を伝える「切込焼記念館」といった文化施設が充実。町のシンボル「薬莱（やくらい）山」や荒沢湿原など豊かな自然も誇る。

加美町産業振興課
tel.0229-63-6000

加美町公認キャラクター
かみ～ご

春 4月29日 初午（はつうま）まつり 火伏せの虎舞

会場／中新田花楽小路 他
問／初午まつり実行委員会（加美町産業振興課） tel.0229-63-6000

哀調を帯びた笛の音と勇壮な太鼓のおはやしに合わせ、山車とともに虎が練り歩き、各家の防災や家内安全を祈願する伝統行事。県の無形民俗文化財に指定されている。

約650年前、春先の強風で続いた大火を鎮めるため「雲は龍に従い、風は虎に従う」という中国の故事に倣い、稲荷明神の初午まつりに虎舞を奉納したのが始まりとされる。

色鮮やかな山車とともに町内を練り歩く虎の姿を見ようと、県内外から毎年大勢の見物客が集まる。

❶腹いっぱいに風をはらんで立つ虎の姿は勇壮そのもの ❷華やかな山車が町内を練り歩く

PICK UP

加美町中新田B&G海洋センター

2020年夏にリニューアルオープンした。指導者が常駐し、指導者付きのカヤックをはじめ、ロードバイクなどのレンタルが可能。アウトドアスポーツを楽しむ拠点施設であり、環境スポーツイベント「SEA TO SUMMIT（シートゥーサミット）」宮城 加美町ルートを毎日気軽に体験できる。

住／加美町米泉字成瀬川16
営／午前9時～午後5時
休／月曜、臨時休館あり
問／加美町中新田B&G海洋センター tel.0229-25-8188
※カヤックの指導が必要な場合は事前に連絡が必要

アウトドアスポーツの拠点

カヤックを楽しむ利用者

冬 2月11日（建国記念の日） うめぇがすと鍋まつりin加美

町内産の野菜などを使ったちゃんこ鍋、トマト鍋、もつ鍋といった約20種の鍋料理が1杯200～300円で味わえる。人気のメニューはすぐに完売することもあるため、早めの来場がお勧めだ。特産品販売のほか、甘酒やホットドリンクの無料提供、地酒の試飲などもあり、家族で楽しめる。

立ち上る湯気が食欲をそそる

会場／中新田花楽小路商店街
問／加美商工会 tel.0229-63-2734

色麻町

カッパを御神体として祭り「おかっぱ様」とも呼ばれる磯良神社や、平沢交流センター「かっぱのゆ」などが観光スポット。特産のエゴマ(ジュウネン)は健康食品として注目され、焼酎や油、ドレッシングなどに加工されている。

色麻町産業振興課
tel.0229-65-2128

色麻町のマスコット
活平(かっぺい)くん
麻子(まこ)ちゃん

春 5月下旬 シャクヤクまつり

会場／愛宕山公園（ペット同伴不可）
問／愛宕山公園管理事務所 tel.0229-65-439

❶約1万株が開花
❷鮮やかな大輪の花がお出迎え

色麻町の初夏の風物詩といえば、愛宕山公園のシャクヤク。

約4000平方㍍の広大な敷地に、白やピンクの大輪の花約1万株があでやかに開花する。

園内では、シャクヤクの鉢植えや切り花が数量限定で販売されるほか、地元で生産された新鮮な野菜や卵、色麻町の特産品であるエゴマの加工品なども購入できる。祭りの会期中、地域住民による太鼓演奏や、よさこい踊りが披露される日もある。

夏 8月上旬 かっぱのふるさと祭り

「かっぱのふるさと」がキャッチフレーズの色麻町ならではの祭り。目玉企画の一つが、町のテーマソング「カッパブギ色麻」に合わせて踊るユニークなパレード。飛び入り歓迎で、誰でも参加できる。歌謡ショーなどのステージ、大抽選会も繰り広げられる。

活平くん、麻子ちゃんも登場

幅広い世代で盛り上がる

会場／色麻町役場前広場
問／実行委員会（色麻町企画情報課）
tel.0229-65-2127

秋 11月上旬 色麻町民秋まつり

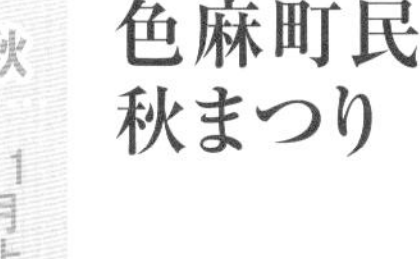

実りの秋を体感

新米を使った「もちつき大会」をはじめ、色麻町の豊かな秋の恵みを堪能できるイベント。採れたての野菜や特産のエゴマ商品がそろう物産展、パッチワークといった作品展示、餅まきなども行われる。

新米を使った「もちつき大会」

会場／色麻町屋外運動場 他
問／色麻町産業振興課 tel.0229-65-212

栗原市

栗駒山、伊豆沼・内沼、花山湖など豊かな自然に恵まれ、鉱山の歴史を伝える「細倉マインパーク」や、くりはら田園鉄道の貴重な資料を展示する「くりでんミュージアム」といった観光スポットがある。名物は「栗駒耕英岩魚丼」など。

栗原市田園観光課
tel.0228-22-1151

栗原市
マスコットキャラクター
ねじり ほんにょ

伊豆沼・内沼はすまつり

花の間を進む遊覧船 ❷美しいハスの花

国内で2番目にラムサール条約湿地に登録され、貴重な自然資源の宝庫として知られている伊豆沼・内沼。夏には沼一面にピンク色のハスの花が咲き誇る。そこでは毎年夏に「伊豆沼・内沼はすまつり」が開催され、地元の漁師が操縦する船に乗って20分ほどの遊覧を楽しめる。ピンクと緑のカーペットを縫うように進む船上から、背丈より伸びたハスや、水中に潜む魚類、時折現れるトンボを間近に感じながら、つかの間の涼しさに触れよう。ハスの花は、強い日差しを受けると閉じてしまう傾向があるため、遊覧は午前中の早い時間がお薦め。ハスのほかに、小さくて黄色い「アサザ」も見つけてみて。

乗船料は有料（大人700円、小学生以上400円、20人以上の場合は団体割引あり）。伊豆沼会場（栗原市若柳）と内沼会場（栗原市築館）の2会場で行う。当日の天候状況により、遊覧が中止になる場合がある。

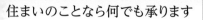

秋　薬師まつり

11月3日（文化の日）

平安絵巻さながらのパレード

藤原秀衡の妻しづはた姫が平泉に向かう途中で病に倒れ、現在の築館地区にある杉薬師如来に祈願したところ回復。そのお礼参りで、藤原一族が杉薬師に訪れた時の行列をパレードで再現する。ミスしづはた姫が御所車に乗り、お供の侍女、武士、僧侶らとともに商店街を練り歩く姿は平安絵巻さながらだ。

会場／築館地区商店街 他
問／実行委員会（栗原市築館総合支所市民サービス課内）
tel.0228-22-1114

春　せみね藤まつり

5月15日

五輪堂山公園では毎年5月第3日曜日に、瀬峰地区の花である藤にちなんだ「せみね藤まつり」が開催。歌や踊り、フリーマーケットや独自のゲームなどが行われ、幅広い世代でにぎわう。芸能をたしなんだ人がボランティアで参加し歌や踊りを披露したり、家族と一緒にピクニック気分を味わったり、藤棚をのんびり眺めたりと思い思いに楽しめる。

美しい花にうっとり

会場／瀬峰五輪堂山公園
問／せみね藤まつり実行委員会 tel.0228-38-3942

秋　花山・湖秋まつり

10月下旬

花山湖畔で、紅葉を眺めながらバーベキューを行う秋のまつり。会場では地場産品等の特産品の販売やミニ動物園、木工体験コーナーもあり、時間にとらわれない、のどかな時間を満喫できる。

湖畔でのバーベキューは開放感いっぱい

会場／花山湖畔
問／花山湖秋まつり実行委員会
（花山農山林交流センター内）
tel.0228-43-5111

夏　くりこま山車まつり

7月最終土・日曜

山車が展示、巡行される

約300年の歴史を誇る祭り。見どころは宵祭りの夜間山車巡行。豪華絢爛（けんらん）な山車がライトアップされ、一段と迫力が増す。伝統芸能「文字甚句」なども披露される。本祭でも、おはやし一斉演奏や山車巡行などがにぎやかに行われる。

会場／栗駒岩ケ崎 馬場通り 他
問／実行委員会（栗原市栗駒総合支所市民サービス課内）
tel.0228-45-2114

夏　一迫山王史跡公園あやめ祭り

6月中旬～7月上旬

1万3000平方㍍の敷地に、アヤメやカキツバタ、ハナショウブなどが咲き誇る。約300品種22万株が植栽され、園内にはアヤメ類の「標本園」とハナショウブの改良過程を表す「改良歴史園」を設置している。県内外の団体が競演する鹿踊大会や神楽大会も見応えがある。

美しい花が咲き誇る広い園内を散策しよう

会場／一迫山王史跡公園あやめ園
問／一迫観光協会
（栗原市一迫総合支所市民サービス課内）
tel.0228-52-2114

登米市

ラムサール条約に登録されている伊豆沼・内沼は、渡り鳥の飛来地。長沼はハスの花の名所で、毎年夏に数十万本が開花する。特産品は米、みそ、しょうゆ、地酒など。津山杉を使った家具や小物といった「矢羽木工品」も人気。

登米市観光シティプロモーション課
tel.0220-23-7331

登米市
観光PRキャラクター
はっとン

登米(とよま)秋まつり

秋 9月17・18日

場／登米町寺池地区 他
／登米市登米総合支所市民課 tel.0220-52-5051

❶豪華絢爛（けんらん）な山車は住民の手作り ❷迫力満点の五葉山火縄銃鉄砲隊 ❸幻想的な薪能

毎年、登米神社の秋季例祭に合わせて行われる。

歴史上の人物や人気キャラクターなどをかたどった人形を中心に、竹や花など特徴的な飾りを装飾した「とよま型」と呼ばれる山車は約350年の歴史を誇る県指定無形民俗文化財。各団体手作りの山車が、おはやしとともに武家屋敷が残る街並みを練り歩く。みこしや甲冑（かっちゅう）姿の武者行列も登場。仙台藩の火縄銃の火縄に使用するヒノキの産地だった岩手県住田町の五葉山火縄銃鉄砲隊は、白煙を上げて力強い発砲音を響かせ、観客を圧倒する。

小笠原流百々手式弓術も必見。真剣な面持ちの射手が一列に並び、狙いを定めて的を射貫く瞬間は、誰もが息をのむ迫力。地元の伝統を発信しようと岡谷地南部神楽も演じられる。

前日の土曜夜には、かがり火に照らされた舞台で「薪能」が奉納される。仙台藩で演じられていた能を登米伊達氏が取り入れ、忠実に伝承してきた230年余りの歴史ある伝統芸能だ。

夏 8月 YOSAKOI&ねぷたinとよさと

華やかなパフォーマンス

夏の夜を彩るねぷた

1988年に地元の商工会青年部が「弘前ねぷた」を参考に祭りを企画したのが始まり。2004年からYOSAKOIも取り入れ恒例行事となった。県内はもちろん北海道や岩手県などからもYOSAKOIチームが集結。華やかな衣装でパフォーマンスを披露する。夜の豊里町駅前通りにねぷたが登場すると、祭りは一層盛り上がる。

会場／陸前豊里駅前通り
問／実行委員会（登米市豊里総合支所市民課）
tel.0225-76-4111

春 4月下旬～5月上旬 米山チューリップ鑑賞

「道の駅米山」では、60種10万株のチューリップを植えてあり、シーズンになると赤、白、黄、ピンクなどの花が一面に咲き広がる。道の駅では、旬の野菜、果物、ソフトクリームの販売のほか、チューリップの球根販売も行われる。
※入場無料。マスクの着用、3密を避けての鑑賞に協力を

会場／道の駅米山西隣
問／道の駅米山 tel.0220-55-2747

冬 12月4日 日本一はっとフェスティバル

目当ての店に列をつくる来場者

小麦粉を水で練ってゆで、スープに入れたり、あんに絡めたりした郷土料理「はっと」が味わえる。市内をはじめ仙台市、南三陸町などの各店が個性豊かな約30種を出品。はっと踊りやよさこい踊りのステージも楽しめる。

会場／迫中江中央公園
問／実行委員会
（登米市観光物産協会）
tel.0220-52-4648

春 4月下旬 東北風土マラソン&フェスティバル

笑顔の外国人ランナー

テーマに合わせた仮装にも注目

フルマラソンコースを含めた“お祭り”マラソン。給水所では登米市や近隣地域の名物料理、日本酒の仕込み水が振る舞われる。趣向を凝らした仮装ランナーにも注目だ。「登米フードフェスティバル」「東北日本酒フェスティバル」、南三陸の沿岸部を巡るツアー「東北風土ツーリズム」も同時に開催される。

会場／長沼フートピア公園
問／登米市観光物産協会 tel.0220-52-4648
※最新情報はWEBサイトで確認
http://tohokumarathon.com/

心に刻む 郷土の輝き

おおさき古川まつり

県北随一の規模とされる「七夕飾り」が見どころだ。創意工夫を凝らした吹き流しや短冊が数多く並ぶ。地域伝承の「古川おどり」の踊り手や「古川まつり太鼓」の打ち手が街を練り歩き、華々しく盛り上げる。中心商店街やリオーネふるかわ特設ステージでは毎年さまざまなイベントを行い、来場者を楽しませている。

大崎市古川地域イベント連絡協議会

毎年8月3日と4日に開催する「おおさき古川まつり」は、古川地域の伝統的なおまつりです。

2020、21年は新型コロナウイルス感染症の影響により中止となりましたが、例年であれば皆さまに楽しんでいただける企画満載です。

ご家族、ご友人、お誘い合わせの上、浴衣を着てぜひご参加ください。

祭りの歴史

祭りの目玉となる「七夕飾り」を始めたきっかけは、旧古川市の市史によると1947年に昭和天皇が同市を訪問する際、8月に商店街を七夕飾りで美しく飾り付けていた仙台市を参考に、祭りとともに天皇陛下をにぎやかに迎えようとしたとされる。

前夜祭「おおさき花火大会」は76年に始まり、一時の中断を経て2009年に再開した。近年では古里の夏の風物詩として定着している。

吹き流しの下を「古川まつり太鼓」などが練り歩く

「おおさき古川まつり」の開催以前から古川では七夕を飾る風習があった（1915年）写真提供／佐々木一郎氏

おおさき花火大会 8月2日(火)

「おおさき古川まつり」の前夜祭として8月2日に開かれる。例年であれば、花火の打ち上げ場所である江合橋付近の河川敷の対岸に観客席を用意。水面に映るナイアガラ花火の美しさ、目の前で迫力満点の花火が次々と打ち上がる抜群のロケーションだ。

2022年8月3日(水)・4日(木)（予定）

会場］大崎市古川中心部 他

新型コロナウイルスなどの影響により、内容や日程などが変更となる場合は古川商工会議所WEBサイトでお知らせします

アクセス】JR古川駅から徒歩約5分（リオーネふるかわ）

／大崎市古川地域イベント連絡協議会（事務局・古川商工会議所） tel.0229-24-0055

県南
エリア

名取市

「住みよさランキング」北海道・東北ブロックで長年上位をキープしている。交通と流通の拠点で食も豊か。県内一の出荷量を誇る「仙台せり」は根の食感と風味が絶品の「せり鍋」がおすすめ。2017年から閖上で水揚げが始まった「北限のしらす」にも注目。

名取市商工観光課
tel.022-384-2111

ゆりあげ港朝市

春夏秋冬

毎週日曜、祝日
※1月1日、振替休日は休業

場／ゆりあげ港朝市
／ゆりあげ港朝市協同組合 tel.022-395-7211

競りが体験できる ❷焼きたてを堪能

漁港として江戸時代から栄える閖上（ゆりあげ）で開催。海の幸や新鮮野菜といった地場産品が早朝から勢ぞろい。威勢のいい掛け声が飛び交い、祭り気分に包まれる。「せり鍋」など名取の“うまいもん”の食べ歩きや、大人気の炭火炉端焼きコーナー、お客さんが参加しての競り市も盛り上がる。

名取市
マスコットキャラクター
カーナくん

なとり春まつり

春

4月第2土曜

名取市役所前広場を会場に、4月第2土曜日に開催される。満開の桜に囲まれながら思い思いに春のひとときを満喫できる。

広場では、水産物や水産加工品、野菜などの地場産品が販売されるほか、ゆりあげ港朝市が移動出店。笹かまぼこの炭火焼き体験コーナーもあり、自分で焼いた出来たて熱々の笹かまぼこを味わえる。

多彩なステージイベントにも注目。オープニングの閖上太鼓をはじめ、よさこい、フラダンス、チアリーディング、さらに地元の神楽も披露される。他にもお茶と桜を楽しめる野だてや、フリーマーケットもあるので、家族みんなで楽しんでみては。

会場／名取市役所前広場
問／実行委員会（名取市商工会）tel.022-382-3236

オープニングを飾る「閖上太鼓」

花見も楽しめる

夏　なとり夏まつり

8月第1土曜

盛大な花火大会

出店が多数並ぶ

名取の夏を彩る一大イベント。閖上地区を会場に、ゆりあげ港朝市や水産加工団地の特産品の販売が行われる。フィナーレを飾る夜の花火大会では近年恒例のミュージック花火が好評だ。

会場／名取市閖上地区
問／実行委員会（名取市観光物産協会）
tel.022-382-6526

秋　ふるさと名取秋まつり

11月3日

地元産の新鮮な農産物や、閖上名産の笹かまぼこ、干しガレイなどの水産加工品が販売され、実りの秋を満喫できる。上山市のラ・フランス、和歌山県新宮市のミカンや南高梅などが並ぶ姉妹都市コーナーも人気。上棟式の餅まきをはじめ、働く車コーナーやステージショー、フリーマーケット、縁日コーナーなど盛りだくさんだ。

子どもも大人も大興奮の餅まき

会場／名取市民体育館　問／実行委員会（名取市商工観光課）　tel.022-384-2111

季節湯

春夏秋冬　毎月

日帰りで気軽に楽しめる

遊具で遊ぶのもお勧め

自転車を持ち込める宿泊部屋

2020年に誕生した「名取市サイクルスポーツセンター」内の宿泊施設「名取ゆりあげ温泉『輪りんの宿』」の天然温泉では、月ごとに日にちを限定して特色ある湯船を用意している。

季節や節句に合わせ、夏はハッカ、秋はショウガやミカン、冬はユズや松といったバラエティーに富んだ温泉を企画していて、その日はさまざまな香りや効能で普段と違う楽しみ方ができる。日帰り入浴可。センターにはサイクリングコースもあり、自転車のレンタルもしている。

会場・問／名取市サイクルスポーツセンター「名取ゆりあげ温泉『輪りんの宿』」
tel.022-385-8027

公園に行こう

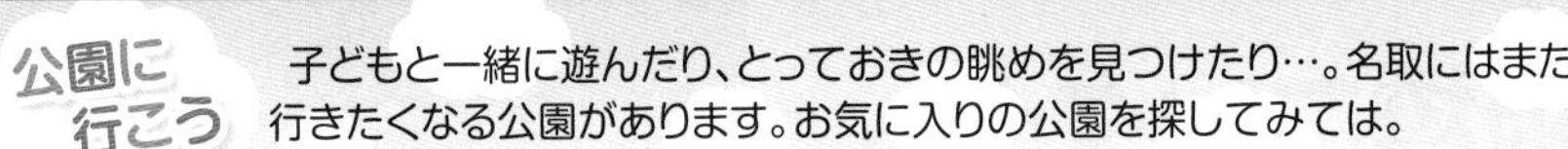
子どもと一緒に遊んだり、とっておきの眺めを見つけたり…。名取にはまた行きたくなる公園があります。お気に入りの公園を探してみては。

下増田エリア　美田園中央公園
仙台空港アクセス鉄道「美田園駅」から徒歩10分　Pあり
緑豊かな芝生広場、遊具が楽しいあそびの広場、軽スポーツが楽しめる多目的広場があり、季節の草花や樹木が楽しめる桜の広場では、春にお花見も楽しめます。

高舘エリア　海の見える丘公園
宮城交通バス「ゆりが丘5丁目」から徒歩1分　Pあり（日中のみ）
海を見渡すパノラマに、時を経つのも忘れてしまうかも。幅8mのプロムナードには多くの樹木が植えられており、散策路を歩いたり、芝生広場でくつろいだり楽しみ方はいろいろです。

問／名取市都市計画課　TEL022-384-2111

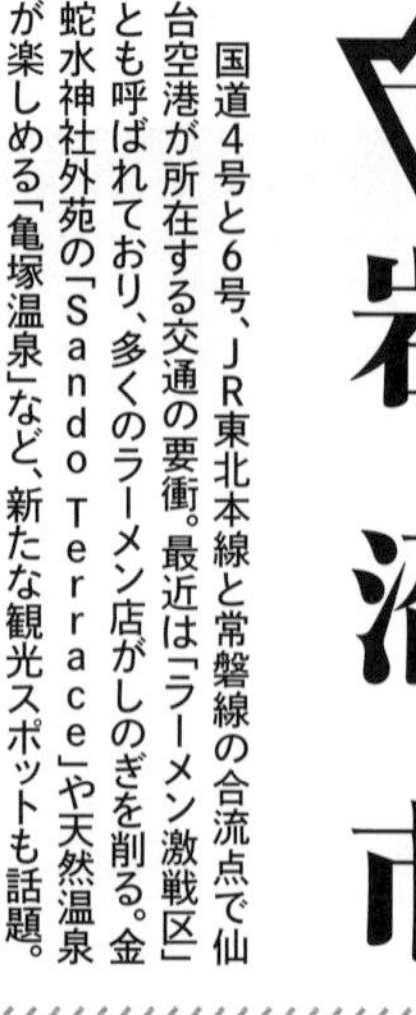

岩沼市

国道4号と6号、JR東北本線と常磐線の合流点で仙台空港が所在する交通の要衝。最近は「ラーメン激戦区」とも呼ばれており、多くのラーメン店がしのぎを削る。金蛇水神社外苑の「Sando Terrace」や天然温泉が楽しめる「亀塚温泉」など、新たな観光スポットも話題。

岩沼市商工観光課
tel.0223-23-0573

岩沼市マスコット
キャラクター
岩沼係長

春 3月

初午（はつうま）大祭

❶白装束の担ぎ手によるみこし渡御　❷伝統の「竹駒奴」❸愛らしい稚児行列　❹装束や面にも注目

日本三稲荷の一つに数えられる竹駒神社で、毎年旧暦2月の初午の日から7日間にわたって行われる祭事。五穀豊穣（ほうじょう）、商売繁盛、家内安全などを願う参拝客らでにぎわう。

期間中の土曜または日曜には、みこしの巡行があり、参勤交代での伊達家の大名行列を模した「竹駒奴（やっこ）」を先頭に、華やかに着飾った稚児ら総勢約700人が、古式ゆかしく街を練り歩く。

市の無形民俗文化財に指定されている竹駒奴の「奴振り」では、勇壮な掛け声とともに見せる息の合った動きが見ものだ。

期間中は茶席をはじめ、全国銘菓奉献展、氏子および愛好者による洋画や水墨画といった多数の秀作を展示する奉賛絵画展も実施。例祭は5日目に行われる。

PICK UP

竹駒神社

842（承和9）年に創建。衣・食・住の守護神である倉稲魂神（うかのみたまのかみ）・保食神（うけもちのかみ）・稚産霊神（わくむすびのかみ）の3柱の神々が祭られ、東北最大規模の参拝客が訪れる。毎年9月には秋季大祭を開催。小学生のミニ奴や小みこしの巡行があるほか、各団体による演奏などが特設ステージで披露される。

夏 いわぬま市民夏まつり

8月20日

夏の恒例行事で、会場に出店があり、地元岩沼はもちろん、姉妹都市・高知県南国市や友好都市・尾花沢市、静岡県袋井市の地場産品などが販売される。ゲームや工作コーナーなどのふれあい広場も設けられ家族で楽しめるほか、ステージや路上でのイベント、模擬上棟式はたくさんの人でにぎわう。当日は市のマスコットキャラクター「岩沼係長」も駆け付け、祭りを盛り上げる。

会場／岩沼市役所前広場
問／実行委員会（岩沼市商工会）tel.0223-22-2526

息ぴったりに踊りを披露

盛り上がりを見せる模擬上棟式

春 金蛇水神社 花まつり

5月4日～15日

藤棚「九竜の藤」

Sando Terrace金蛇水神社参道・休憩処

金蛇水神社の春季例大祭に合わせ、毎年5月に開催される。約100種1000株のボタンをはじめ、樹齢300年の藤棚「九竜の藤」、ツツジが神社境内を彩り、参拝者の目を楽しませる。2021年にオープンした「Sando Terrace」には「土産処MiZuHa」、「食事処IKoMiKi」があり、ヘビ・ボタン・フジをモチーフにしたメニューや地元の独自性を生かした土産を購入することができる。また2022年の花まつりに合わせ、広場の神楽舞台が落成される。

会場・問／金蛇水神社
tel.0223-22-2672

秋 みんなで歌う 第九の会 演奏会

11月27日

岩沼市に活動拠点を置く混声合唱団「みんなで歌う第九の会」が、1987年から開催している演奏会。仙台フィルハーモニー管弦楽団の演奏に合わせて、ベートーベン作曲「交響曲第九番合唱付」を声高らかに歌い上げる。歌を通して出演者と来場者の思いが一つになり、会場は大きな感動に包まれる。

会場・問／岩沼市民会館 tel.0223-23-3450

冬 いわぬま エアポートマラソン

12月4日

ベストタイムを目指してスタート

市陸上競技場を発着とするコースで行われる。1.5㌔ファミリーの部から10㌔の部（年代区分あり）まで幅広く、自分の力量に合わせてエントリーが可能。例年全国各地からおよそ2000人以上のランナーが参加し、健脚を競っている。

会場／岩沼市陸上競技場 他
問／実行委員会（岩沼市総合体育館）
tel.0223-24-4831

場／わたり温泉鳥の海西側駐車場
／亘理町観光協会（亘理町商工観光課内） tel.0223-34-0513

亘理町

江戸時代、荒浜の漁師が伊達政宗に献上したとされる郷土料理「はらこめし」が名物。例年9月上旬から12月初旬まで町内の飲食店などで味わえる。東北一のイチゴ産地でも知られ、3月から始まるイチゴ狩りでにぎわう。

亘理町商工観光課
tel.0223-34-0513

荒浜漁港水産まつり

秋 10月中旬

❶亘理の秋の味覚「はらこめし」も軒を連ねて販売！ ❷荒浜の漁師が取ってきた新鮮な水産物が並ぶ水産物販売コーナー ❸毎回人気のミニ競りコーナーでは市場より安くお目当てのものが手に入るチャンス！

地元荒浜漁港で水揚げされた新鮮な水産物と、亘理町発祥の郷土料理「はらこめし」を中心に、亘理町の秋の海をまるごと味わえる名物イベント。

正解者にはサケ1匹をプレゼントする「鮭の重さ当てクイズ」やお楽しみ抽選会など盛りだくさんの内容だ。

さらに、はらこめしの試食コーナーは長蛇の列ができ、2000人分が数十分で無くなるほど大好評。

亘理町観光
PRキャラクター
わたりん・ゆうりん

PICK UP

わたり温泉 鳥の海

最上階に設けられた展望風呂からは、東に太平洋、西に蔵王連峰の絶景が望める。レストランでは四季折々の旬の料理が味わえる。客室も太平洋と蔵王連峰の好きな景色を選べる。

住／亘理町荒浜字築港通り41-2
問／わたり温泉鳥の海 tel.0223-35-2744
営／日帰り入浴午前10時～午後8時
（最終受付:午後7時30分）
休／無休

イチゴ狩り

冬春 3月上旬～5月下旬 ※2022年は中止

イチゴは町を代表する特産品。町内にある観光いちご園では、3月上旬から5月下旬までイチゴ狩りが楽しめる。宮城県産オリジナル品種「もういっこ」の摘みたてのおいしさをたっぷりと味わおう。開始時期など詳しくはお問い合わせを。

完熟イチゴを食べに行こう

会場／いちごランドこうちゃん園
問／亘理町観光協会
（亘理町商工観光課内）
tel.0223-34-0513

亘理町立郷土資料館

郷土資料館では、亘理の長い歴史の移り変わりを、映像や図版、多くの資料によって、わかりやすく展示しています。昔の生活や、用具、習慣などについて知ることができ、町の歴史の中で特に重要な、亘理伊達家のコーナーも設けています。これら「常設展示」のほか、郷土に関連したテーマのもとに「企画展」なども開催しています。

開館時間／9:00～16:30（入館は16:00まで）
休館日／毎週月曜日、資料整理日（毎月最終金曜日）
祝日（特別開館日を除く）
年末年始（12月28日～1月4日）
観覧料／無料
※特別展等有料の場合もあります
所在地／亘理郡亘理町字西郷140
TEL0223-34-8701

山元町

温暖な気候を生かしたリンゴやイチゴなどの果樹や野菜の栽培が盛ん。農水産物直売所「やまもと夢いちごの郷」では、これらの特産品や山元ブランド認証品を中心とする加工品などを販売している。漁業はホッキ漁が知られ、ホッキ貝が名物の一つ。

山元町商工観光交流課
tel.0223-36-9837

山元町PR担当係長
ホッキーくん

やまもとひまわり祭り

夏　7月下旬～8月上旬ごろ

会場／山元町東部地区ほ場内（山元町沿岸部）
問／山元町商工観光交流課 tel.0223-36-983

県内随一の規模を誇るヒマワリ

震災から復旧した沿岸部に広がる農地に咲き誇る約200万本のヒマワリは、圧巻の眺め。期間中はヒマワリ畑を自由に散策でき、ヒマワリの摘み取りも楽しめる。山元町の夏を体感できるイベントだ。

コダナリエ

冬　12月中旬～1月中旬

東日本大震災の支援への感謝と、近隣地域が活気あふれることを目的に実施。飾りは地域住民やボランティアで手作りしている。

約25万球のLED照明が公園内を鮮やかに彩る

会場／小平農村公園
問／コダナリエ実行委員会
tel.070-2020-5701

山元はじまるしぇ

秋　10月上旬

バラエティー豊かな店が並ぶ

地元の人と一緒に手作りのマルシェ（市場）を通して、山元町の魅力を町内外に広く伝え「山元町のファン」の拡大を目指す。趣向を凝らした参加型のイベントが、多くの来場者を楽しませてくれる。

会場／山元町内
問／実行委員会 tel.080-3338-8311

ふれあい市

夏　6月上旬

イチゴのシーズン終盤に、感謝の気持ちを込めて農水産物直売所「やまもと夢いちごの郷」で開催。完熟イチゴの特売をはじめ、特産品や旬の野菜の販売などが行われる。

完熟イチゴの特売が大人気

会場・問／農水産物直売所
「やまもと夢いちごの郷」
tel.0223-38-1888

場／白石城本丸広場
／実行委員会（白石市企画情報課） tel.0224-22-1324

白石市

伊達政宗の重臣・片倉小十郎景綱が築いた城下町。観光スポットは、小原・鎌先温泉、白石城、弥治郎こけし村など。油を一切使わずに作る白石温麺（うーめん）や弥治郎こけしも有名だ。

白石市商工観光課
tel.0224-22-1321

鬼小十郎まつり

秋 10月上旬

迫真の演技で激闘の様子を再現 ❷市のシンボル白石城

まつりの最新情報は公式WEBサイトでチェック（「白石市 鬼小十郎まつり」で検索）

白石観光キャラクター
©こじゅうろうくん

1602（慶長7）年、初代片倉小十郎景綱が入城以降、明治維新までの260余年にわたって伊達家の重臣・片倉氏の居城となった白石城を舞台に、壮大な歴史絵巻が繰り広げられる。

メインは「鬼小十郎」の名をとどろかせた2代片倉小十郎重長と真田幸村との激闘を再現する「片倉軍vs真田軍決戦 大坂夏の陣～道明寺の戦い～」。黒備えの甲冑（かっちゅう）に身を包んだ片倉鉄砲隊による火縄銃の打ち放ちや、地元の高校弓道部員の片倉弓隊が参加するなど、さまざまな参加者が合戦を彩る。

2020～21年はコロナ禍で中止。19年は海外のテーマパークの壁画を手掛けるなど、世界で活躍しているペイントアーティストのライブイベントを披露したほか、白石市の伝統芸能や真剣を使った居合も行われ、会場を沸かせた。

まつり当日を含めた前後には、市内のまつり協賛店を巡ってスタンプを集めると限定缶バッジがもらえるスタンプラリーも開催され、多くの人々でにぎわった。

当日は甲冑の試着や無料写真撮影が楽しめるコーナー、東北の真田家ゆかりの地の物産展や各種出店もある。

白石市民春まつり

春 5月3日

「しろいし大行列」では神明社のみこしに、稚児行列や太鼓山車、子どもみこし、大人みこしが続く。片倉鉄砲隊や、紙製の甲冑をまとった甲冑工房「片倉塾」による武者行列も見ものだ。米俵相撲、消防団によるはしご乗りや多くの出店が並ぶ「白石マルシェ」、ステージイベント「たから舞台」など盛りだくさんだ。

会場／市内中心部 他
問／白石市民春まつり協議会（白石市商工観光課内）
tel.0224-22-1321

神明社のみこし渡御

全日本こけしコンクール

春 5月3〜5日

巧みな技に見入る来場者

毎年約４万人の来場者でにぎわう

職人が最高峰の技を競う日本最大のこけしの祭典。地元の弥治郎系、津軽系、蔵王高湯系といった伝統こけしをはじめ、新型こけし、創作こけしなどが勢ぞろい。工人による実演も行われ、間近で伝統の技を見られる。地場産品まつりも同時開催。

会場／ホワイトキューブ
（白石市文化体育活動センター）
問／全日本こけしコンクール事務局（白石市商工観光課）
tel.0224-22-1321

夏の検断屋敷まつり

夏 8月上旬

材木岩公園内にある県指定有形文化財「検断屋敷（旧木村家）」では、四季ごとに祭りを開催。夏の祭りでは真夏の1日を楽しめるイベントが盛りだくさん。材木岩公園内には夏でも冷たい空気で満たされている「氷室」もあり、ひとときの涼が感じられる。

会場／材木岩公園内「検断屋敷」
問／小原公民館 tel.0224-29-2031

華やかな七夕飾りが会場を彩る

たくさんの来場者でにぎわう

白石市農業祭

秋 11月上旬

新米や新鮮野菜、果物などをお手頃価格で購入できる農林物産即売会や、姉妹都市の北海道登別市、神奈川県海老名市の物産展を開催。白石産新米すくいどり、餅まき、緑化木プレゼントなど多種多様なイベントも繰り広げる。

会場／ホワイトキューブ
問／白石市農林課
tel.0224-22-1253

場／市内中心商店街 他
／角田市商工観光課 tel.0224-63-2120

角田市

市内にＪＡＸＡ角田宇宙センターがあり、台山公園にある日本初の純国産ロケット「H-Ⅱロケット」の実物大模型や角田市スペースタワー・コスモハウスは市のシンボル。「5つの"め"」（こめ・まめ・うめ・ゆめ・ひめ）を生かしたブランドづくりも推進している。

角田市商工観光課
tel.0224-63-2120

春　2月中旬～3月中旬

かくだ牟宇(むうひめ)姫ひなまつり

豪華な雛人形が特別展示される　❷会場を華やかに彩る　❸情緒あふれる会場

角田市郷土資料館では、毎年2月中旬～3月中旬に企画展「雛（ひな）人形」が行われ、期間中にスペシャルイベントとして「かくだ牟宇姫ひなまつり」が開催される。

伊達家一門筆頭角田館主石川家に伝えられた伊達家ゆかりの豪華絢爛（けんらん）な雛人形が企画展で展示される。高さ45チセン、幅66チセンの女雛はその大きさも特徴的だが、特別なあつらえの雲竜紋の着物や伊達家の雪薄（ゆきすすき）紋が施された雛用お膳なども並ぶ。

まつりでは、こうした普段見ることのできない雛人形をはじめ、子どもの健やかな成長を願って作られたたくさんのつるし雛などの展示販売を行っている。また、スタンプラリーで角田市内を周遊するといった企画もあり、楽しみながら角田の歴史や文化に触れることができる。

姫の暮らしぶりや素顔を想像しながら、角田で心温まるひなまつりを満喫しよう。

角田市牟宇姫
シンボルキャラクター
むうひめ

春 4月下旬 かくだ菜の花巡り

残雪の蔵王連峰を背景に黄色の菜の花が映える

阿武隈川河川敷に整備された3.2㌶の畑で、約250万本の菜の花が咲き競う。残雪の蔵王連峰を背に一面に広がる菜の花畑は写真映えすること間違いなし。また、近隣の「道の駅かくだ」では、期間中、物産市も開催する。

会場／菜の花畑：阿武隈川角田橋下流右岸河川敷
催事会場：道の駅かくだ
問／角田市商工観光課 tel.0224-63-2120

春 5月5日 かくだ宇宙っ子まつり

昔遊びや動物と触れ合えるコーナー、木登り体験など、子ども向けの企画が盛りだくさん。特に人気なのが、ペットボトルを使った水ロケットの打ち上げ体験だ。水を入れたペットボトルに専用のポンプで空気を入れて飛ばすもので、親子で楽しめる。

人気の水ロケットの打ち上げ体験

会場／台山公園、角田市スペースタワー・コスモハウス
問／角田市商工観光課 tel.0224-63-2120

夏 8月14日 かくだ牟宇姫夏まつり

「伝統芸能「角田祭ばやし」も登場

愛らしい「牟宇姫パレード」

商店街から会場を変更して角田市市民センターを中心に夏まつりを実施。かくだ田園ホールでのステージイベントや、伝統芸能「角田祭ばやし」、伊達政宗公次女の牟宇姫に扮（ふん）したかわいらしい少女たちが街なかを練り歩く「牟宇姫パレード」のほか、リニューアルした内容で開催。

会場／角田市市民センター 他
問／角田市商工会
tel.0224-62-1242

秋 9月下旬〜10月初旬 角田ずんだまつり

道の駅かくだで開催され、枝豆の一種である秘伝豆のおいしさを求める人々で毎年にぎわう。晩生の秘伝豆は「味よし、香りよし、形よし」といわれ、一度食べたら忘れられない味。枝豆の即売会、ずんだ餅やおはぎといった菓子や地元野菜の物産市も開かれる。

会場／道の駅かくだ
問／角田市商工観光課 tel.0224-63-2120

香りも味もよい秘伝豆

多くの人が買い求める

蔵王町

蔵王のシンボル「御釜」や400年以上の歴史を持つ遠刈田温泉、蔵王酪農センターなどが観光客に人気。丘陵地を利用した果樹栽培は県下屈指の生産量で、ナシやリンゴなどの果物狩りも楽しめる。冬は2カ所のスキー場がにぎわうリゾート地。

蔵王町農林観光課
tel.0224-33-2215

蔵王エコーライン

春夏秋 4月下旬〜10月下旬

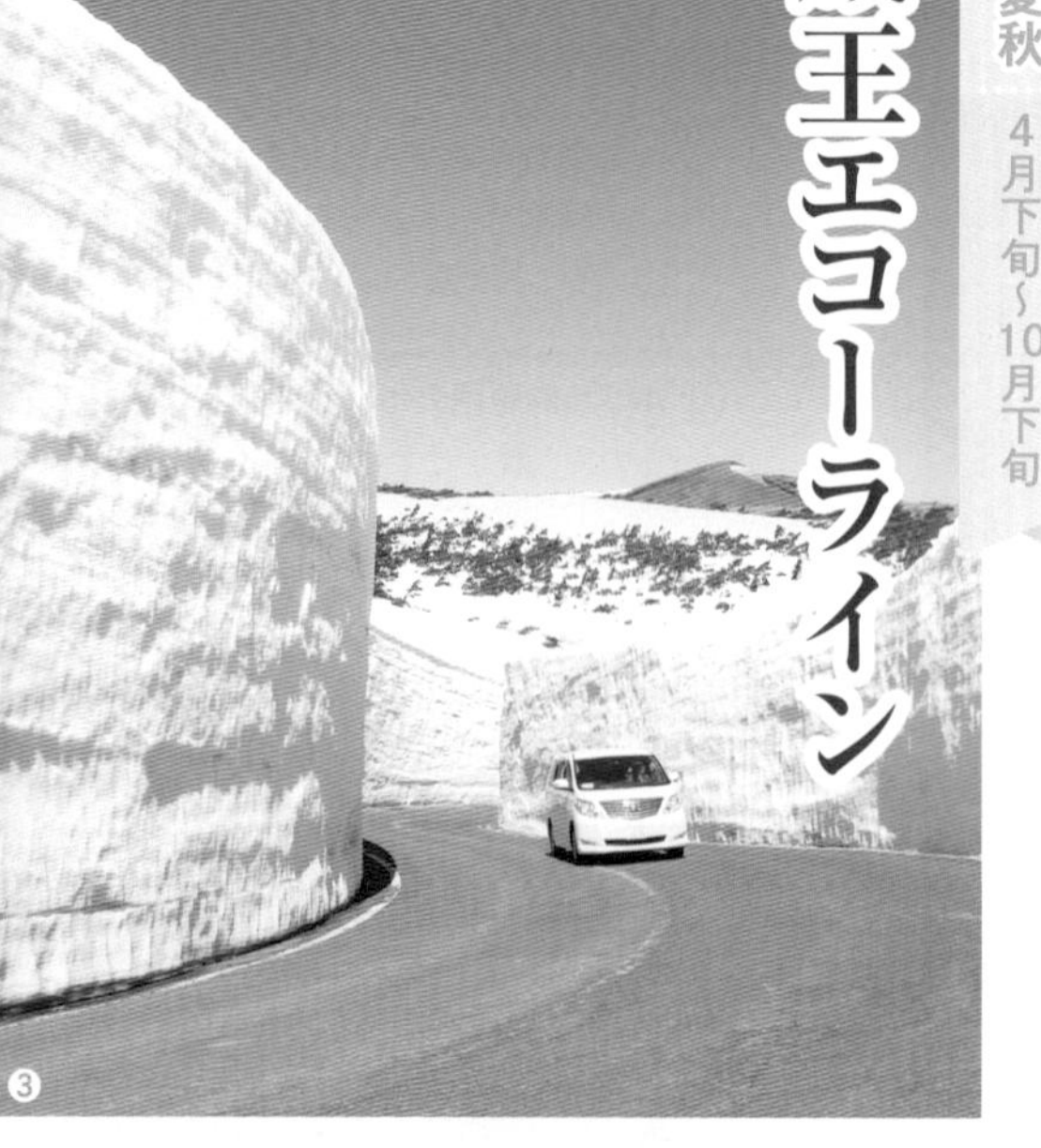

❶夏は木漏れ日が気持ちいい　❷秋は赤や黄のグラデーションが見事　❸春は雪の壁が迫力満点

蔵王エコーラインは蔵王連峰を東西に横断する、宮城県と山形県をつなぐ山岳道路。11月初旬〜翌年の4月下旬の冬季閉鎖期間以外は、季節ごとに変わる周囲の自然を眺めながらドライブできる。4月下旬の開通から5月中旬まで（17:00〜翌8:00は通行止め）は雪が道路の両脇に高く積もった「雪の回廊」が圧巻。その高さは例年、最高で約10㍍になるとか。夏は緑の木々、秋は赤や黄に色づいた紅葉が美しい。

蔵王町観光PRキャラクター
ざおうさま

スキー場オープン

冬 12〜3月

12〜3月のウインターシーズンは、町内にある「みやぎ蔵王えぼしリゾート」「マウンテンフィールド宮城蔵王すみかわスノーパーク」の二つのスキー場がにぎわいを見せる。いずれも豊富なコースを備え、初心者・上級者問わず楽しめる。

絶景を眺めながら滑ろう

「ざおうさま」も町のスキー場がお気に入り

会場・問／みやぎ蔵王えぼしリゾート tel.0224-34-4001
マウンテンフィールド宮城蔵王すみかわスノーパーク tel.0224-87-2610

とおがった大道芸

夏 6月上旬

◀▼迫力満点のパフォーマンスに観衆から大きな歓声が上がる

遠刈田温泉のメインストリート・蔵王通り商店街などをステージに、2日間にわたって開催される。全国から集まった、国内外で活躍する大道芸人の路上パフォーマンスやストリートミュージックライブが繰り広げられ、温泉街が熱気に包まれる。1日目は宵まつり、2日目は本まつりが行われ、趣の異なる楽しみ方ができる。ジャグリング体験やフェースペインティングで出演者気分を味わい、露店で地元グルメを堪能しよう。

会場／遠刈田温泉蔵王通り 他
問／蔵王町観光案内所 tel.0224-34-2725

七ヶ宿町

蔵王連峰・不忘山の麓に位置し、県内随一の規模を誇る七ヶ宿ダムをはじめ、滑津大滝、長老湖、ミズバショウ群生地といった観光スポットを有する。江戸時代、羽州街道と奥州街道を結ぶ街道沿いに七つの宿場が置かれ、七ヶ宿街道と呼ばれていた。

七ヶ宿町観光協会
tel.0224-37-2177

七ヶ宿湖一周ウォーキング

秋 10月下旬

会場／七ヶ宿湖周辺
問／七ヶ宿町観光協会 tel.0224-37-21

歩いて出合え 壮大な自然

「水源の町・七ヶ宿」の雄大な自然と水の大切さを感じてもらおうと開催される、秋の恒例イベント。

赤や黄に色づいた山々を眺めながら、七ヶ宿湖の湖畔約12㌔のウオーキングを楽しむ。所要時間は3～4時間程度。

ゴール後に提供される具だくさんの特製きのこ汁は疲れた身に染み入る最高の一杯。

参加には事前申し込みが必要。家族や仲間と一緒に参加してみてはいかが。

七ヶ宿町
観光PRキャラクター
ゆり太郎

七ヶ宿町
観光PRキャラクター
源流ポッチョン

わらじで歩こう七ヶ宿

夏 8月下旬

歴史や自然に触れながら歩く

奥羽十三大名の参勤交代路として栄えた「山中七ヶ宿街道」約11㌔を歩くイベント。思い思いの仮装に身を包み、旅姿を披露する参加者もいる。安全祈願の大わらじみこしも見ものだ。前夜祭の「七ヶ宿火まつり」では、採燈大護摩供（さいとうだいごまく）や花火大会を開催する。

会場／七ヶ宿町内　問／七ヶ宿町観光協会 tel.0224-37-2177

さくらまつり

春 4月中旬 ※桜の開花状況によります

公園内には約3500本もの桜があり、公園一面が桜色で覆われる名所。グラウンドや遊具も整備されており、家族で楽しめる。

満開の桜が春の青空に映える

会場／七ヶ宿ダム自然休養公園
問／七ヶ宿町観光協会 tel.0224-37-2177

幸まつり

春秋 5月中旬・10月中旬 ※2022年5月は中止

季節の旬の山菜や野菜、特産品が対面販売されるほか、お楽しみイベントも盛りだくさん。七ヶ宿の四季を体感しよう。

会場・問／道の駅七ヶ宿
tel.0224-37-2721

場／大河原町金ケ瀬～柴田町船岡
／大河原町商工観光課 tel.0224-53-2659

大河原町

白石川堤の桜並木「一目千本桜」は県内屈指の景勝地で、満開時期には多くの観光客でにぎわう。特産品は梅や枝豆（品種「酒の友」）など。2007年の特区認定を受け、町内の温泉施設ではどぶろくが購入できる。

大河原町商工観光課
tel.0224-53-2659

白石川堤一目千本桜

春 4月上旬～中旬

❶川面に映える桜並木と蔵王　❷残雪の蔵王連峰を背景に白石川の両岸に咲き誇る一目千本桜（韮神堰）

町の中央を流れる白石川沿いに、上流の大河原町金ケ瀬地区から下流の柴田町船岡地区まで樹齢約100年、約1200本の延々約8㌔にわたる"桜のトンネル"「白石川堤一目千本桜」がある。この桜並木は、大河原町出身で東京に出て事業で成功した高山開治郎が1923年と1927年に、東京の植木職人や地元の職人、農学校の学生とともに自ら植樹したといわれる。残雪頂く蔵王連峰、白石川の清流、鮮やかに咲き誇る桜並木が絶妙なハーモニーを醸し出し、今や宮城・東北を代表する桜の名所となっている。

大河原町
観光PRキャラクター
さくらっきー

おおがわらオータムフェスティバル

秋 10月下旬

町の農・商・工が一体となって開く秋の恒例イベント。「こども大ビンゴゲーム大会」「お楽しみ大抽選会」など催しが盛りだくさん。人気の「もちまき大会」は、餅に当たりがあり、米1㌔をはじめ各種地場産品が景品とあって毎年大いに盛り上がる。

たくさんの来場者でにぎわう

会場／大河原町役場駐車場 他
問／大河原町観光物産協会
tel.0224-53-2141

PICK UP

観光ルーム（大河原町観光物産協会）

2018年「大河原町にぎわい交流施設」内にオープン、大河原町観光物産協会の事務所内で観光案内や観光情報発信、商品開発を行い「さくらっきーグッズ」などの物産品を販売している。以前、町内の醸造会社で作っていた梅シロップを復活させ、地元の高校生が制作に携わった「梅みやび」、町内産のゆずを使った「がわらゆずぽん酢」などがお薦め。オンラインショップも開設している。

住／大河原町字町196　大河原町にぎわい交流施設内
営／9:00～17:00　休／月曜（月曜が祝日の場合は翌日）、年末年始
tel.0224-53-2141

村田町

古来、仙台と山形を結ぶ交通の要衝として、商都のにぎわいを見せた。中心部に残る豪勢な店蔵が、紅花取引で栄えた村田商人の活躍を今に伝える。特産品はソラマメ。アイスクリームや刺し身こんにゃく、米粉麺など加工品も豊富。

村田町まちづくり振興課
tel.0224-83-2113

村田町
観光PRキャラクター
くらりん

夏 6月上旬 そら豆まつり

会場・問／道の駅村田
tel.0224-83-55

❶緑のさやが鮮やかな初夏の味覚ソラマメ
❷ソラマメの炭火焼きは毎年大人気

村田町の初夏の風物詩。全国有数の生産量を誇るソラマメの即売会が行われるほか、熱々の炭火焼きが無料で振る舞われる。さやごと焼いたソラマメのおいしさは格別だ。

毎年長い列ができるほど人気なのが、袋詰め放題（1袋500円）。専用のビニール袋に工夫して詰めればより多くのソラマメを手に入れられるとあって、家族連れなどが参加し大いに盛り上がる。

このほか、ソラマメの調理や保存の仕方などを紹介するコーナーも設けられるので、家庭で参考にしてみては。

秋 10月上旬（予定） 蔵の町むらた布袋（ほてい）まつり

蔵の町並みが歩行者天国になり、布袋本山車を中心に本町山車、村田一中創作山車の計3台の華やかな山車行列が繰り広げられる。

布袋本山車に載る背丈約2ﾒｰﾄﾙの巨大な布袋人形が、笛や太鼓のはやしに合わせて舞う姿は見ものだ。

会場／蔵の町並みなど町中心部
問／布袋まつり保存会
（村田町まちづくり振興課）
tel.0224-83-2113

華やかな山車行列

秋 10月中旬（予定） みやぎ村田町 蔵の陶器市

蔵の陶器市でにぎわう町内

県内外の陶芸家が、町中心部の歴史ある店蔵などで自作の陶器類を展示・販売する。陶芸体験や陶器のオークションなどもあり、多くの陶芸ファンでにぎわう。夕暮れ時には常夜灯に明かりがともされ、幻想的な雰囲気に包まれる。

会場／蔵の町並み
問／NPO法人むらた蔵わらし
tel.080-6025-6691

柴田町

「日本さくら名所100選」の船岡城址公園と白石川堤をはじめ、陸上自衛隊船岡駐屯地、柴田町「太陽の村」といった桜の名所が点在する「花のまち」。特産品は雨乞(あまご)地区のユズで、皮が厚く、色、味、香りがいいのが特徴。

柴田町商工観光課
tel.0224-55-2123

春 しばた桜まつり

4月上旬～中旬
※2022年は中止

場／船岡城址公園、白石川堤 他
／柴田町商工観光課 tel.0224-55-2123

全国から27万人もの花見客が訪れる、柴田の春の風物詩。

約1300本のソメイヨシノが咲く船岡城址公園では祭り期間中、桜のトンネルをくぐりながら中腹と山頂を往復できるスロープカーを毎日運行する。山頂から眼下に広がる公園の桜や白石川堤の桜並木「一目千本桜」を眺めながら、春の風情をたっぷり満喫しよう。

船岡城址公園と白石川堤を結ぶ歩道橋「しばた千桜橋」からの眺めもまた絶景。イベント会場では各種露店が出店するほか、バンドや大正琴の演奏、すずめ踊り、よさこい演舞などが披露される。

❶桜のトンネルを抜けるスロープカー　❷しばた千桜橋と夜桜ライトアップ

「花のまち柴田」
イメージキャラクター
はなみちゃん

冬 しばたファンタジーイルミネーション

12月上旬～下旬

「花のまち柴田」の1年を締めくくるイベント。船岡城址公園にイルミネーションの“花”が咲き誇り、見る人を幻想の世界へいざなう。期間中はミニコンサートなどの催しも開催される。

幻想的な「山頂トンネル」

会場／船岡城址公園
問／柴田町商工観光課
tel.0224-55-2123

秋 しばた曼珠沙華(まんじゅしゃげ)まつり

9月中旬～10月上旬

東北では珍しい曼珠沙華（彼岸花）の祭り。40万本を超える曼珠沙華が船岡城址公園を真っ赤に染め上げる。園内では「赤富士」をかたどった群生スポットや、なかなか見ることのできない白い曼珠沙華も観賞できる。

一面に咲く曼珠沙華

会場／船岡城址公園
問／柴田町商工観光課 tel.0224-55-2123

川崎町

仙台市と山形市の中間に位置する自然豊かな町。みちのく杜の湖畔公園に青根温泉、峩々温泉、笹谷温泉をはじめ、町内に3カ所あるキャンプ場や廃校を活用した施設も人気。セントメリースキー場やキャニオニング、ゴルフ場など自然を満喫できるアクティビティも充実。

川崎町観光協会
tel.0224-84-6681

川崎町観光ＰＲキャラクター
チョコえもん

春 3月上旬～4月下旬 みやぎ川崎産寒ざらしそば

問／【主催】みやぎ川崎そば麺棒会
川崎町観光協会 tel.0224-84-66

川崎べこ太郎

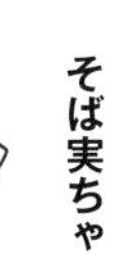
そば実ちゃん

サンファン

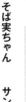

水源の町・川崎の清流で仕込んだ「寒ざらしそば」を、町内の5店で提供。寒ざらしそばは極寒の清流にソバの実を浸し、寒風で乾燥させて作る。町では清流に浸す約2週間、揺すり作業をしてあくを抜く。これを製粉して打ったそばは喉越しが良く、甘みがあるのが特長だ。

冷水に浸し甘味を引き出す

冬 2月中旬 青根温泉雪あかり

冬になると一面雪に覆われる青根温泉で開催。青根児童公園やその周辺で、雪灯籠にともされたろうそくの柔らかな明かりが、静まり返った銀世界を幻想的に彩る。

会場／青根児童公園 他
問／じゃっぽの湯 tel.0224-87-2188
青根洋館 tel.0224-85-3122

夏 6月上旬 支倉常長まつり

会場／川崎町役場前特設会場
問／川崎町地域振興課 tel.0224-84-2117

伊達政宗の命を受け、慶長遣欧使節としてヨーロッパを巡った支倉常長の功績をたたえ後世に伝える。慶長遣欧使節を再現した一行による「常長パレード」が商店街を練り歩く。武将隊の演武や郷土芸能が披露される他、紙甲冑（かっちゅう）の試着も楽しめる。

秋 9月上旬 川崎レイクサイドマラソン

問／川崎町生涯学習課 tel.0224-84-2311

県内外からランナーが集う

子どもから大人まで参加できる複数の種目が用意され、各所にビューポイントのある魅力あふれるコース設定が好評。例えば釜房湖のほとりを走る「ハーフマラソン」や、2人1組でたすきをつないでハーフコース完走を目指す「2人駅伝」では、折り返しから蔵王連峰の絶景が楽しめる。

丸森町

県最南端に位置し、東北第二の大河・阿武隈川流域による豊かな自然を有する「水とみどりの輝く町」。町内各所の農産物直売所では多彩な特産品を販売。豪商・齋藤家寄贈の「齋理屋敷」では蔵や豪華な調度品などが見学できる。

丸森町商工観光課
tel.0224-72-3017

齋理幻夜

夏 8月6日

場／齋理屋敷とその周辺
／丸森町商工観光課 tel.0224-72-3017

❶にぎやかにオープニングセレモニー ❷絵とうろうの柔らかな明かり

齋理屋敷とその周辺に約1000基の絵とうろうをともし、夏の夜を幻想的に演出。レトロ感漂う齋理屋敷の雰囲気そのままに、会場全体にノスタルジックなムードが漂う。

当日は屋敷前の中央通りが歩行者天国になり出店が並ぶ。大正モダン風の装いを体験できる「変身館」や毎年恒例の「怪しい紙芝居屋さん」も登場。昔話や似顔絵のほか、毎年内容の変わるメインステージでの催しもあり、風情ある一夜が楽しめる。

丸森町PR大使 しょこ丸

丸森いち

春 5月14・15日

春の苗木などが並ぶ

丸森町の恒例イベント。町役場周辺広場に約100店が軒を連ね、各種苗木や植木、生花をはじめ、木工品や竹細工、地元特産品などを販売。毎年町内外から約3万人が訪れ、にぎわいを見せる。

会場／丸森町役場周辺広場
問／丸森町商工会 tel.0224-72-1230

阿武隈ライン舟下り

春夏秋冬 通年

町北部を流れる阿武隈川を屋形船で下る阿武隈ライン舟下りは、自然に寄り添い生きてきた人々の営みを感じさせる。1時間30分ほどかけて巡る約10㌔のコースでは名勝・奇岩が点在。春は新緑、秋は紅葉など季節の風景が満喫でき、「イベント舟」や「こたつ舟」なども楽しめる。

涼をもたらす真夏の舟下り

会場／丸森町観光交流センター発着
問／阿武隈ライン舟下り
tel.0224-72-2350

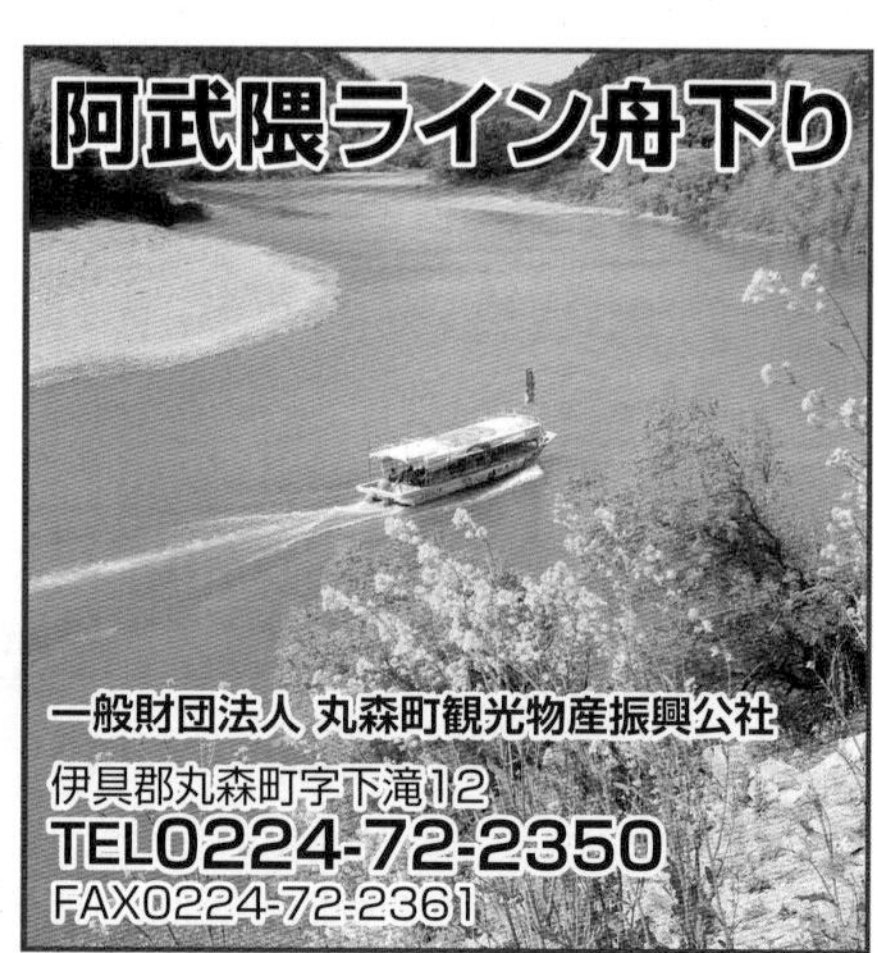

蔵王エコーライン

宮城と山形を結ぶ「蔵王エコーライン」は、春は雪の壁、夏は新緑や天体観測、秋は紅葉などと四季折々の風景が楽しめる。神秘的な火口湖「御釜」や高山植物の女王「コマクサ」など、多くの人の目と心を魅了し続けている。

蔵王町農林観光課

蔵王エコーラインは1962年に全線開通し、今年で60周年を迎えます。当初は有料道路として運営していましたが、85年から無料化されました。宮城県側の道路沿いには不動滝、地蔵滝、不帰の滝(かえらずのたき)など多くの滝があり、駒草平からは遠く太平洋まで望める他、条件が合えば早朝に雲海を眺めることができます。ぜひエコーラインの絶景を見にいらしてください。

季節ごとの見どころ

春の絶景:雪の壁

4月下旬のエコーライン開通後から雪が溶けてしまうまでの期間限定で楽しめる。

夏の絶景:新緑

車窓を開けて、マイナスイオンをたっぷり浴びながらのドライブは最高だ。

秋の絶景:紅葉

9月下旬から10月中旬にかけてカエデ類、ブナ、ナラなどが赤や黄色を基調に色付く。

春・秋の夜間通行止め

春期間／4月下旬～5月ゴールデンウイーク明けまでの毎日
秋期間／10月中旬～11月初旬の冬期閉鎖開始日(例年3日前後)までの毎日
時　間／上記期間中の毎日17:00～翌朝8:00
区　間／宮城県側 賽の磧ゲート～蔵王ハイライン分岐点(御釜入り口)
宮城山形県境～山形県側 蔵王坊平高原ゲート
蔵王ハイライン分岐点(御釜入り口)～蔵王ハイライン～蔵王山頂レストハウス(御釜展望台)

冬期通行止め

期　間／11月初旬～4月下旬
区　間／宮城県側 すみかわゲート～蔵王ハイライン分岐点(御釜入り口)
宮城山形県境～山形県側 蔵王坊平高原ゲート
蔵王ハイライン分岐点(御釜入り口)～蔵王ハイライン～蔵王山頂レストハウス(御釜展望台)

問／蔵王町農林観光課 tel.0224-33-2215

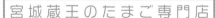

ゆりあげ港朝市
YURIAGE MINATO ASAICHI

ご家族みんなで ゆりあげ港朝市に 行こう！

「ゆりあげ港朝市」の歴史

名取市にある閖上地区は江戸時代以前から漁港として栄え、伊達政宗が掘らせたとされる日本最長の運河「貞山運河」を使い仙台城下に海産物を運んだという歴史を持ちます。

閖上港では近海で獲れた新鮮な魚介類が水揚げされ、中でも、ミシュランガイドで三ツ星を獲得するほどの高級寿司店に「赤貝は閖上産だけを使う」と言わしめるほど、赤貝の産地として有名です。

その閖上地区で約40年前から日曜・祝日に「ゆりあげ港朝市」が開かれています。「よい品をより安く」をモットーに新鮮な海の幸や地場産品の野菜などが勢ぞろいし、震災前は通常約5000～1万人の観光客が集まっておりました。たくさんの人々に愛されたゆりあげ港朝市は、雨の日も雪の日も約30年間開催して参りました。

そして平成25年5月。閖上の復興だけではなく、東北一の人々が集まる観光名所にするという大きな思いを胸に、約50店舗の朝市として営業を再開。買っていただいた商品を炉辺焼きコーナーで焼いて、貞山運河を眺めながらお食事。普段はなかなか体験できない「せり市」にもお気軽にご参加いただけます。

名物の「せり市」は朝10時スタート！

毎週日曜の朝10時。組合員が鐘を鳴らして場内を練り歩けば、待ちに待った名物「せり市」が始まります。会場となるメイプル館側のウッドデッキ脇(海側)の階段は、ご家族連れや常連さんまで、市内外から集まったお客さまの期待と熱気が溢れます。

まずはウッドデッキ前に陳列された商品を事前にチェックしておきます。見ごたえある品揃えは、地元・閖上産の新鮮な海産物はもちろん、野菜や果物、加工品などバラエティ豊かで盛り沢山。ここだけの破格の値段で登場します。競りの価格は100円単位なので、両替コーナーで100円硬貨をスタンバイ。番号が書かれたうちわを箱から取れば準備OK！案内の鐘が鳴り終わったところで、いよいよ競りのスタートです！

競り人が声高に、商品の説明、個数、そして最初の値段をアナウンス。欲しい商品が登場したら、握りしめたうちわを高々と上げて番号をアピール！自分の番号が呼ばれたら、見事に競りの成功です。競り落とした時の嬉しさ、目移りする豊富な商品、会場の盛り上がり…。楽しさが膨らんで何点でも参加してしまいます。

最後は競り落とした商品の前にうちわを持ってご対面。順にお買い求めいただきます。その際は、自分が競り落とした商品を忘れずに。うちわの番号と照合するので、商品購入までうちわは握り締めていてください！

以上、ご参加ありがとうございました！またお待ちしています！

大人気の「ろばた焼き」で旬を満喫！

早起きして閖上に着いたら、朝ごはんは「ろばた焼き」を堪能しましょう。朝市の裏手にある広場に、どなたでも無料で使える専用の台をご用意。トングや醤油なども備えているので手ぶらでも安心です。

震災後にカナダ政府の支援で建てられた「メイプル館」で、新鮮な海の幸が4～5種類入ったお得なBBQセットや、貝類などの串焼き単品も種類豊富です。複数のお店をはしごしてもOK！旬な海鮮と皿や箸をセットで購入し、磯の香りを堪能しながら味わう閖上の朝ごはんは格別です。人気商品の売り切れと食べ過ぎ(笑)にはくれぐれもご注意を！

ほかにも閖上の味が盛り沢山！

朝市会場内には、採れたての海の幸が盛り沢山の「海鮮丼」や、閖上ならではの「ほっき飯」「はらこ飯」を提供するお店が8店舗、名物の「手作り水餃子」のお店が2店舗あります。どのお店も日頃から味、鮮度、価格、サービスを切磋琢磨し、舌の肥えたお客さまもうならせるハイレベルなメニューをご提供します。また、メイプル館内には「海鮮丼とらーめんセット」を950円で提供するなど、サービス満点でおもてなしいたします。

モチモチの皮と肉汁たっぷりの名物「水餃子」は、何と手作りキムチがのっけ放題！これを目当てに訪れるファンもおり、一日に約1000～1300食もお召し上がりいただいています。

四季折々の新鮮な旬を楽しめる閖上みなと朝市。ご家族皆さんで、ご友人と一緒に、今日も「早起きしてよかった！」の笑顔をいただけるよう、心を込めておもてなしいたします！

ゆりあげ港朝市 / メイプル館

〒981-1204
宮城県名取市閖上東3丁目5-1
TEL022-395-7211
FAX022-395-7235
MAIL info@yuriageasaichi.jp
※2021年5月1日から町名が変更

営業時間
ゆりあげ港朝市／毎週日曜日・祝日 6:00～13:00
メイプル館／月曜日～土曜日 10:00～16:00
日曜・祝日 6:00～13:00

定休日 木曜日

ゆりあげ港朝市協同組合 検索

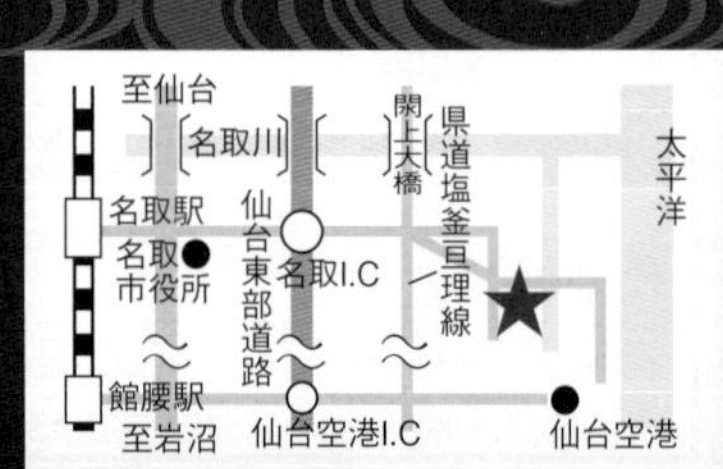

全35市町村の祭り・イベント年鑑

Let'sみやぎ 2022-2023

2022年3月31日発行　定価550円（本体500円+税10%）

宮城県、各市町村、各市町村観光協会、
関係各団体など多くの皆さまにご協力いただきました。
深く感謝申し上げます。

■発　　行　河北新報出版センター
宮城県仙台市青葉区五橋1-2-28
tel.022-214-3811
fax.022-227-7666

■企画構成　株式会社GAC
株式会社アドコーポレーション
tel.022-266-3031
fax.022-266-2806
■編集制作　株式会社クリエイティヴエーシー
tel.022-721-6051

■SALES&PROMOTION
加藤健一　大平康弘　鈴木美由喜
高橋正考　東海林峻　中嶋芽衣
和泉英夫　菊地貴史　高橋哲　高谷吉泰
浅野広美　渥美琳　梅津美樹　木村一豊
熊谷順子　小島由子　佐藤春哉　菅原佳子

■EDITOR
平井頼義　宇都宮梨絵　菊地史恵　佐々木映子
佐藤友希　田中奈美江　及川真紀子
■DESIGNER
阿部伸洋　佐藤綾音　菅澤まりこ
仙石結　森田真礼　渡辺洋

※本誌に掲載されている事項は2022年3月現在のものです。
新型コロナウイルス感染症対策により、内容、日程、料金等は
変更になる場合があります
※祭り・イベントの内容、日程、会場等ご不明な点は
本誌掲載の各問い合わせ先へ、直接お尋ねください
※乱丁、落丁等の印刷、製本上の不備がございましたら
お取り換え致しますので発行所までお送りください

※写真協力／宮城県観光課、仙台観光国際協会